# 音乐教育与教学的多维探索

赵一蓓◎著

中国商业出版社

**图书在版编目（CIP）数据**

音乐教育与教学的多维探索 / 赵一蓓著. -- 北京：
中国商业出版社，2024. 12. -- ISBN 978-7-5208-3258
-8

Ⅰ. G633.951.2

中国国家版本馆CIP数据核字第20242X16Y1号

责任编辑：陈　皓
策划编辑：常　松

中国商业出版社出版发行

（www.zgsycb.com　100053　北京广安门内报国寺1号）

总编室：010-63180647　编辑室：010-83114579

发行部：010-83120835/8286

新华书店经销

定州启航印刷有限公司印刷

＊

710毫米×1000毫米　16开　9.75印张　130千字

2024年12月第1版　2024年12月第1次印刷

定价：58.00元

＊　＊　＊　＊

（如有印装质量问题可更换）

# 前　言

　　音乐教育作为艺术教育的重要组成部分，在提升学生的艺术修养、综合素质、情感表达能力和创造力等方面起着至关重要的作用。随着对教育多元化要求的不断提高，音乐教育的作用越发凸显，不再仅仅停留在技巧训练层面，而是逐渐向综合素质教育方向发展。音乐是一门比较精深的艺术学科，有着独特的文化内涵，它不仅是人文学科的一个重要组成部分，还是实施美育教育的重要方式。中小学时期是孩子成长的关键时期，音乐教育由于其灵活性强、生动形象、富有激情等特点，对这一时期学生的思想道德水平、身心健康发展都起着不可替代的作用。

　　本书共分四章，第一章探讨了音乐教育的本质以及我国音乐教育的发展历程，简要介绍了中小学音乐教学的功能与原则。第二章集中讨论了中小学音乐教学活动的设计，包括教学内容的安排、教学方法的选择、课堂教学设计以及课外音乐活动的开展，重点分析了如何根据学生的特点进行有效的教学设计和活动组织。第三章围绕中小学音乐教学评价体系的设计，提出了教学评价的原则与方法，分析了教学评价的内容与形式，并探讨了教学评价的创新发展，以期通过科学、全面的评价体系推动音乐教育的进步。第四章重点探讨了学生音乐听觉、情感及创造力的培养，提出了培养学生的音乐听觉、音乐情感以及音乐创造力的做法，来提高他们的音乐素养和艺术表现力。

本书旨在为中小学音乐教育提供系统的理论分析与实践指导，帮助音乐教师在教学中不断探索创新，从而培养学生的综合音乐素质。希望通过本书的出版为音乐教育的发展提供新思路和新方法。

# 目　录

第一章　音乐教育与教学概述　/　1

第一节　音乐教育的本质　/　3

第二节　我国音乐教育的发展历程　/　8

第三节　中小学音乐教学的功能与原则　/　14


第二章　中小学音乐教学活动的设计　/　23

第一节　中小学音乐教学内容的安排　/　25

第二节　中小学音乐教学方法的选择　/　39

第三节　中小学音乐课堂教学设计　/　53

第四节　中小学音乐课外音乐活动的开展　/　66


第三章　中小学音乐教学评价体系的设计　/　81

第一节　中小学音乐教学评价的原则与方法　/　83

第二节　中小学音乐教学评价的内容与形式　/　90

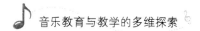

第三节　中小学音乐教学评价的创新发展　/　99

# 第四章　学生音乐听觉、情感及创造力的培养　/　107

第一节　音乐听觉的培养　/　109

第二节　音乐情感的培养　/　123

第三节　音乐创造力的培养　/　139

## 参考文献　/　143

# 第一章

## 音乐教育与教学概述

# 第一节 音乐教育的本质

音乐艺术是用有组织的音构成的听觉意象，来表达人们的思想感情与社会现实生活的一种艺术形式。[①] 音乐教育指以音乐艺术为基本媒介，以培养审美为核心形式的一种教育，其作为艺术教育的一种，以美育为主要目的。[②] 音乐教育作为一种音乐艺术教育形式，具有独特的审美、情感和文化功能，能够对学生音乐技能的培养、人格的塑造、全面素质的提升起到多元化的作用。音乐教育的本质主要体现在其人本化、审美化、情感化、个性化、人文化五个方面。

## 一、音乐教育的人本化

音乐教育的人本化体现了对学生个体独特性的尊重和精神成长的尊重，强调通过音乐学习培养他们的人格、情感和思想，全方位挖掘其潜能，促进学生人格的整体提升。在音乐教育过程中，学生不再是被动的知识接受者，而是主动的学习者。学生需要不断进行自我审视，认清自己的身份和明确自己的人生目标，通过对音乐作品的理解来探索自身的情感世界，以及如何通过音乐来实现这些目标。教师应该帮助学生学会通过音乐学习来表达和领悟人的各种情感，促进理想的实现。音乐教育的终极目标是在人本化视角下，更多地关注学生的情感调节能力和自我

---

① 裴红胜.音乐·审美[M].太原：北岳文艺出版社，2010：156.

② 刘立波，赵寒冰.素质教育视域下当代音乐教育理论与教学实践[M].北京：北京工业大学出版社，2020：21.

认知的提升，能够让学生通过表演、创作和欣赏音乐更好地理解自己与世界的关系，进而引导学生在复杂情感中更好地把握自己的发展方向。

随着信息化和经济全球化的挑战不断加大，音乐教育更应重视培养学生的道德情操和思想深度。一个优秀的音乐人才不但要具备专业的音乐技能，更应拥有宽广的视野和高尚的情操，对国家、民族和人民具有深厚的情感和责任感。

## 二、音乐教育的审美化

音乐作为一种动态的、富有情感的艺术形式，其根本特质在于审美的感知与体验，通过引导学生对美感的探索，提升他们的艺术品位和审美能力。音乐艺术通过节奏、旋律、和声等元素能够构建出复杂的美感系统，带给学生多维度的审美体验。学生在音乐学习中通过对不同风格、不同流派、不同文化背景的音乐作品的感知和体验，能够提升审美趣味，培养对不同文化的理解与尊重。音乐教育的审美化除了对音乐知识和音乐技术的传授，还包括对生命、情感和创造力的培养，通过体验音乐多维度的审美功能，全面地发展学生的能力，使他们在音乐旅程中实现个人的精神提升和审美水平的提高。

音乐教育的审美化强调在音乐学习中对美感的深度和广度的探索，学生不但要感受到音乐的表层美，而且要通过分析音乐作品的内在结构和情感表达，发掘深层次的艺术美感，培养学生对艺术的敏感度和理解力。音乐教育的审美化还强调艺术与生活的结合，主张音乐不但是课堂学习的内容，还是一种生活方式的体现。学生能够通过对音乐作品的理解来获得审美体验，更重要的是，通过这种审美化的教育，培养学生发现生活中的美的能力，能够在生活中找到更多的艺术灵感，进而在日常生活中感知美、体验美、创造美。

### 三、音乐教育的情感化

音乐是艺术，它必须以人的情感想象为特性，必须以音乐审美创造去再现和表现人的情感思想。[①]音乐教育的情感化代表了对艺术本质的深刻理解和尊重，认为音乐超越了纯粹技术和理性认知的界限，本质上是一种情感和精神的体现。音乐之所以能触动人心，是因为它激发和表达了人的情感和想象。

学生在音乐学习过程中，需要对音乐作品进行深入学习和体验，深入理解作品中的情感，由此培养出对情感的敏锐感知能力，并且能够通过音乐这种非语言的表达方式，自由表达内心的情感。学生在音乐学习和音乐表演中，能够找到一种情感宣泄的途径，将自己内心的压力、情绪等通过音乐演绎的方式释放出来，使音乐中的情感与自己的个人情感产生强烈的共鸣，达到情感上的满足和平衡。这种情感化的体验能够提升学生的情感表达能力，对他们的社会交往能力和心理健康都具有重要影响。在现代社会中，人们内心的情感有时候会受到压抑或被忽视。音乐作为一种情感表达的工具，能够帮助学生突破这些障碍，在培养学生音乐素养的同时为他们提供了一种情感抒发的途径，提高了他们的情感表达能力和情感管理能力。

音乐教育的情感化还反映在教师与学生之间的情感交流以及对音乐美的共同体验上。通过师生之间的交流，学生能够不断深化对音乐的情感理解，提高情感体验的层次，实现精神的陶冶和人格的完善。音乐教育的核心应重新聚焦于以抒发音乐情感为中心的教学理念，重视提升学

---

① 陈其射 . 中国音乐学探微 [M]. 北京：光明日报出版社，2011：270.

生的音乐素养和情感体验。音乐的感受和体验不应仅依赖外在的技术训练，而应通过学生的主动参与和自然体验来实现，要注重对学生艺术精神和人文内涵的培养。艺术精神和人文内涵都是通过情感体验来实现的。艺术精神强调情感作为知觉和理想构建的核心，人文内涵则看重音乐和非音乐素质的融合。音乐教育是一种以激发和把握音乐情感为核心的教育，它不单关注音乐表演的水平，更重要的是通过音乐情感激发和唤醒人们内在的潜能。这种教育方式已经超越了音乐的本体意义，它关系到个体的创造力、人格层次的提升，甚至关乎社会的进步、国家的强盛和民族的未来。

## 四、音乐教育的个性化

音乐教育的个性化特点反映了现代教育对学习者个体尊严和个体价值的深切重视，它突破了传统音乐教育中普遍采用的科学化和标准化方法，为学生提供了展示其独特个性和创造力的机会。音乐教育的个性化特点能够为学生提供专属的内容和方式，引导他们根据自身的特长进行音乐学习，帮助他们在音乐世界里找到适合自己的表达方式。音乐教育的个性化为培养学生的批判性思维打下了坚实的基础，能够帮助学生获得个性的发展，实现个体价值的追求。[①] 个性化的音乐教育强调每个学生都是独一无二的个体，具有不同的音乐天赋、学习习惯以及兴趣点。因此，教师在教学设计中应避免使用千篇一律的教学方法，而应根据学生的特点，灵活调整教学内容与方法，尊重学生的个体差异，为他们提供一个能够充分发挥自己潜力的学习平台。在音乐创作、欣赏和表演技能

---

① 于力. 新视角下的中小学音乐教育与教学研究 [M]. 长春：吉林人民出版社，2021：18.

课程中，教师要给予学生充分表达自己主体意识的机会，充分激发学生的音乐表现和创造力，让学生在音乐学习过程中找到自我表达的空间，享受自我欣赏和自我陶醉的过程，从而提升自身艺术水平的高度和深度。

近年来，教育界逐渐认识到个性化音乐教学的重要性，开始关注学生的情感状态和个性表达，努力摆脱传统的教条式教学。个性化音乐教学关注教学内容的美感和真实性，强调创造一个愉悦、轻松的学习环境，使每位学生都能在自己擅长的领域中得到发展，在愉快的学习过程中提升自己的学识和人格。另外，音乐教育的目标应当是激发学生的创造力和想象力，让学生持续处于探索和发掘音乐潜力的过程中。教育者要避免过分强调技术训练和考级，应该更多地关注对学生音乐创新能力和艺术性的培养，克服现有的挑战，真正实现教育的个性化和人本化。

## 五、音乐教育的人文化

从本质上来说，音乐既是情感与思想表达的工具，也是一种文化现象，发挥着文化载体的重要作用。通过对音乐的学习，学生能够加深对文化的理解与传承意愿，逐渐形成对文化的认同感和文化自觉意识。音乐教育的人文化反映了从专才体系向更为广泛、多元和跨学科的通才体系的转变，这种转变体现了其对个体尊严和价值的日益重视。音乐教育的人文化强调学科专业知识与文化知识的平衡，提升学生的实践能力与科研能力，并关注道德、文化、身心及教师各方面素质的综合提升，以达到多元目标的教育模式。音乐教育应注重构建宽广且深入的知识体系，让学生认识到仅凭一门专业的深入学习，难以满足现代社会的多样化需求，也难以在专业领域达到更高境界。教育者要引导学生发掘个人潜力，将广泛学习与深入实践结合起来，推动学生知识的广泛性和素质的全面性发展，真正实现其人文化目标，培养出技艺精湛、知识广博和人文素养深厚的音乐人才。

# 第二节　我国音乐教育的发展历程

从古代礼乐文化、近现代的西学东渐到当代音乐教育的多元化发展，我国音乐教育不断演变，经历了迂回曲折的发展历程，展现了丰富的历史脉络和深厚的文化沉淀。

## 一、古代音乐教育的萌芽与发展

音乐教育在中华文明中占据着特殊的地位，长期以来与社会发展和文化传承密切相关。音乐在古代社会不但是一种审美表达的形式，也是统治阶级治理国家、教化百姓的重要工具。

我国音乐教育的起源可以追溯到夏、商、周的礼乐制度，当时礼乐文化是统治阶层治理国家的重要手段，音乐被赋予了独特的社会功能，是调节社会关系、培养人们道德的工具。夏商时期，音乐与礼仪、宗教仪式紧密相关，这一时期设立了专门的音乐教育机构，系统地传授音乐知识。西周时期，音乐教育进一步得到加强和系统化，音乐与礼制、伦理道德教育紧密结合，体现了音乐教育在形塑社会伦理和政治思想中的作用。周代的"春官"是中国历史上第一个礼乐机构，负责礼乐的教育，显示了音乐教育在政治和文化中的重要性。进入春秋战国时期，随着学术文化的下层扩散和"百家争鸣"的局面出现，音乐教育的社会影响进一步扩大。这一时期，儒家的音乐教育尤为突出，孔子提倡"兴于诗、立于礼、成于乐"的教育理念，强调音乐在修身养性和社会治理中的重要性。孔子本人高度重视音乐教育，认为音乐不仅能够陶冶情操，还能达到政治和社会的和谐。孔子之后，孟子和荀子继承和发展了儒家的音乐教育思想，同样认为音乐对于培养人的道德感和社会责任感至关重要。这些思想对后世的音乐教育产生了深远的影响，强调了音乐教育在提升个人修养和维护社会稳定中的功能。

隋唐时期，音乐教育机构得到进一步的发展和完善。唐代的大乐署和教坊是专门负责音乐教育和表演的官方机构，不仅负责培训乐工和艺人，还负责编纂音乐作品和举办官方音乐活动。这一时期音乐教育更加注重音乐的艺术性和表演性，形成了丰富多彩的音乐教育体系。到了宋元时期，虽然音乐教育在形式上没有显著变化，但沿袭了唐代的教育体系。明清时代，尽管音乐教育的社会地位有所波动，但学校中仍有音乐教育的踪迹，这反映了社会文化和政治变迁对教育政策的影响。


## 二、我国音乐教育的现代化发展

晚清时期随着西方文化的引入，我国社会发生了很大的变革，推动了音乐教育从以礼乐为核心的传统模式向现代学科体系的转变。传统的礼乐模式随着封建制度的崩溃逐渐失去原有的影响力，在此背景下，中国的音乐教育开始摆脱传统的礼乐框架，逐渐走向艺术性与科学性相结合的现代化方向。中国音乐教育的现代化发展主要体现在普通音乐教育的发展、师范音乐教育的发展、专业音乐教育的发展三个方面，如图1-1所示。

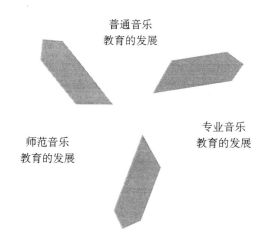

普通音乐
教育的发展

专业音乐
教育的发展

师范音乐
教育的发展

**图 1-1　中国音乐教育现代化发展的主要体现**

## （一）普通音乐教育的发展

近代以前，音乐教育主要集中于贵族和文人士大夫阶层，而在近现代的社会变革中，音乐教育逐步进入了普通学校，成为基础教育的重要组成部分。普通音乐教育的普及，是现代教育体制改革的重要成果之一，它标志着音乐不再是少数人专享的艺术，而是全体学生文化素质培养的一部分。

晚清时期，随着维新运动的推动和西方教育理念的传入，传统私塾逐渐被新式学堂取代，音乐教育作为新式学堂中的一门学科正式进入课堂。音乐教育在这一时期不但承担着传授学生乐理知识、培养学生音乐素养的任务，还起到通过音乐传达对国家和社会的热爱、培养学生爱国情怀的重要作用。到了民国时期，随着国家政策的推动，音乐教材和课程设置逐步规范化，音乐教育在基础教育中的地位日益凸显。这一时期，音乐活动在学校得到了进一步的发展，合唱团、乐队等音乐团体在各类学校逐渐兴起。学生通过音乐学习和参加音乐活动，不仅自身的音乐技能得到很大发展，艺术感知理论、文化修养、道德品质等综合素质也有了很大提升。

随着抗日战争的爆发，已逐渐建立起来的音乐教育体系受到了很大冲击，战争导致教育资源紧缺，普通音乐教育发展陷入停滞，这是中国现代音乐教育发展历程中的一大遗憾。

### （二）师范音乐教育的发展

20 世纪初，随着中国社会和教育的深刻变革，师范音乐教育开始在各师范学校中逐渐兴起，旨在培养专业的音乐教师，为国内中小学提供急需的音乐教育资源。20 世纪 20 年代，音乐教育已成为师范学校课程设置的重要组成部分，多所师范学校如湖南省立师范学校、河南师范学校以及山东省立师范学校等纷纷将音乐课程纳入必修科目。师范音乐教育的课程设置注重音乐理论与实践相结合。学生不仅要学习乐理、视唱练耳、和声学等音乐理论课程，还要接受乐器演奏、指挥和教学实习等实践训练。这种理论与实践相结合的教育模式使学生在毕业后能够迅速胜任中小学音乐教学工作。与此同时，师范音乐教育还强调音乐教师的人格修养和道德品质，注重对学生心灵的启迪和情感的培养。1934 年，国民政府设立中小学音乐教育编订委员会，由一批著名音乐教育家组成，他们基于对当时音乐教育状况的广泛调研，编纂和修订了多本优秀的音乐教科书，极大地推动了师范音乐教育的质量提高。1930 年后，全国范围内师范院校数量大增，其中延安鲁迅艺术学院音乐系、河北女子师范学院等均在音乐教育师资培养方面发挥了重要作用。

### （三）专业音乐教育的发展

中国近现代的专业音乐教育是伴随着五四运动后的社会变革和文化革新兴起并逐渐发展的。在正式的音乐学院命名和建立之前，专业音乐教育机构主要以"北京大学音乐研究会"（后更名为"北京大学附设音乐传习所"）、"中华美育会"、"中华音乐会"、"大同乐会"等各种社团和团体的形式存在，其成立的目的在于反对封建文化，推广和提高美育，尤其是音乐教育的水平。

这些社团的活动涵盖了学习和传授乐器演奏、乐理、和声等中西方音乐知识。此外，社团还组织了各种演出活动，进行西方和日本音乐理论的翻译以及中国传统音乐的整理和研究，这些社团在功能上已经非常接近于学校，实质上成为我国专业音乐学校的雏形。

1927年，上海国立音乐院的成立标志着中国专业音乐教育的正式起步，这是我国第一所以音乐学院命名的专业音乐教育机构。蔡元培担任院长，萧友梅担任教务长。该院的建立吸引了众多国内外音乐教育家到校任教，培养了大批专业音乐人才，对中国现代音乐教育的发展产生了深远影响。与普通音乐教育和师范音乐教育相比，专业音乐教育更加注重艺术性和技术性，是培养音乐专业人才的重要基地。这一时期的音乐教育活动培养了一代又一代的音乐人才，也为中国音乐的现代化发展奠定了坚实的基础。通过不断地改革和创新，中国的专业音乐教育逐步形成了一套完整的教育体系和理论体系，对推动中国音乐教育的现代化发展发挥了重要作用。

### 三、我国当代音乐教育的多元化发展

自中华人民共和国成立以来，我国的音乐教育经历了深刻的变革和迅猛的发展，从过去的封闭式单一模式转变为多元化、系统化的教育体系。音乐教育在普通院校专业教育机构的地位得到了显著提升。

20 世纪 50 年代，教育部明确要求初级中学每周至少开设一节音乐课。这一政策的实施，标志着音乐教育在全国范围内的普及和重视。此外，受到国外音乐教育模式的启发，我国的音乐教育内容开始包括歌唱、欣赏及乐理学习，确立了培养全面发展的音乐人才的目标。1956 年，国家组织专家和学者对音乐教材进行了全面编审，制定了详尽的教学大纲，音乐教育的教材和内容得到了系统化和标准化修改，极大地推动了音乐教育质量的提高。1976 年，音乐教育迎来了全面复兴。1979 年，教育部召开中小学音乐、美术教材会议，强调音乐与美术教育在学校教育中的重要地位，中国音乐教育进入飞速发展的阶段。

进入 21 世纪，随着经济全球化的深入，教育部陆续颁布了一系列音乐教育标准和政策，进一步推动了音乐教育的标准化和系统化。此外，音乐教育的基础设施和教学设备也得到了显著改善，为音乐教育的质量提高奠定了坚实的基础。现代信息技术的发展为音乐教育带来了新的可能，如多媒体技术的应用极大地丰富了音乐教学的手段和内容。通过音频、视频、动画等方式，学生能够更加直观和生动地感受音乐的魅力，极大提升了音乐课堂的趣味性，也增强了学生的学习效果。在经济全球化的背景下，中国音乐教育正以开放的姿态，积极吸收国际先进经验，推动本土音乐文化的创新和发展。

# 第三节　中小学音乐教学的功能与原则

中小学音乐教学在基础教育中扮演着不可替代的重要角色，它不仅能够帮助学生掌握艺术技巧，还能够通过情感体验和审美教育丰富他们的内心世界，提升他们的文化素养与审美能力。在音乐教学实践中，理解音乐教学的功能与原则有助于优化教学设计，提升教育的整体作用。

## 一、中小学音乐教学的主要功能

中小学音乐教学的主要功能包括情感表达与调节、审美教育、文化认知与文化传承、促进思维能力与创造力发展等多种功能，如图1-2所示。

图1-2　中小学音乐教学的主要功能

## （一）情感表达与调节的功能

音乐作为一种非语言的表达情感的艺术，能够对学生的情感世界产生重要影响。中小学音乐教学中旋律、节奏、和声等音乐元素能够加深学生对情感的认知，帮助学生在审美体验中进行情感的表达和宣泄。教师要善于引导学生理解不同音乐情境下的情感变化，并通过音乐来表达他们的情感体验。音乐教学还能够通过感性与理性的结合，帮助学生调节内心的情感，使其达到平衡的心理状态。特别是对处于青春期、情绪波动比较大的中学生来说，通过与音乐作品产生共鸣，找到与外界进行情感交流的途径，缓解他们的内在焦虑，增强他们在复杂情感中的平衡和调节能力。

## （二）审美教育的功能

音乐作为一种艺术形式，蕴含着丰富的美学价值，通过对音乐作品的学习能够培养学生对美的感知力和鉴赏力，加深对音乐作品中所蕴含的情感内涵和艺术美的理解。在音乐教学中，审美教育的功能是多方面的，音乐的和谐与节奏、旋律的流动性等都能够为学生提供感知美的机会。学生通过对音乐作品的体验和分析，积极探索艺术美背后蕴含的情感逻辑和文化内涵，能够进一步深化对美的理解，提高他们的审美敏感度和对美的鉴赏力。这种审美能力的提高不仅对他们音乐课程的学习大有裨益，也对他们学习其他艺术形式和发现生活中的美具有很大的帮助。

中西方音乐作品风格多样、产生的文化背景各不相同，这种多样性能够为学生提供丰富的、多元化的审美体验，使他们在音乐学习过程中，能够跨越时代和文化的界限，形成更为宽广的艺术视野并培养更为高雅的审美趣味。

### （三）文化认知与文化传承的功能

音乐作为一种文化载体，承载着不同地域、不同民族的历史与文化传统。通过音乐教学，学生能够接触到丰富的音乐文化，了解不同国家和地区的音乐风格、历史背景以及文化内涵，从而感受到文化的多样性和复杂性。文化认知功能的核心在于音乐教学通过不同的作品和风格帮助学生理解音乐与社会文化的深层次联系，认识到音乐在不同历史时期的变迁，了解音乐在社会、宗教、礼仪等方面的作用。音乐教学在这一过程中起到了桥梁的作用，传递音乐知识的同时展现了社会文化的多样性。中小学音乐教学的文化传承功能则主要体现在对民族音乐的保护和传承方面。中国拥有悠久的传统音乐文化，这些传统音乐文化使学生接触到许多中国传统音乐的经典作品。学习和传承传统音乐文化，有助于学生增强对本民族文化的认同感和自豪感，并在文化多样性中保持对本土文化的尊重与理解。同时，学生在学习音乐的过程中能够获得艺术修养，并增强文化意识与责任感。

### （四）促进思维能力与创造力发展的功能

音乐具有很强的创造性，其丰富多变的旋律、节奏、和声能够激发学生的想象力和创造力，使学生在演奏和创造中发展出个性化的表现形式。特别是在音乐创作过程中，学生需要综合运用所学的音乐知识和音乐技能，将感知到的音乐元素转化为具体的创作形式。这对他们的音乐理解能力、逻辑思维能力、艺术想象力和创造力等方面都提出了较高的要求，通过音乐创作活动，学生的思维能力和创造力能够得到有效提升。即兴演奏作为音乐创作的一种形式，对促进学生思维能力和创造力的发展具有显著作用。即兴演奏要求学生在瞬间对音乐元素做出反应，并将内心的情感与想法通过乐器或歌声表达出来。这种高度自发性的音乐活动，极大地激发了学生的创造潜能。学生在乐队或合唱团中的合作演奏不仅能够增强他们的创造力与合作能力，还能使他们在与他人的互动中学会表达个人的艺术观点，并进一步提升音乐作品的艺术价值。

## 二、中小学音乐教学的基本原则

有效的音乐教学需要建立在科学的教学原则基础上，中小学音乐教学原则是指导音乐教育实践开展的重要条件。理解和运用这些原则能够确保音乐教育发挥其全面的教育功能，促进学生音乐素养和综合能力的提高。中小学音乐教学的基本原则如图 1-3 所示。

图 1-3 中小学音乐教学的基本原则

## （一）因材施教的原则

因材施教是根据不同对象的具体情况，采取不同的方式，施行的教育。[①] 在中小学音乐教学中，教师面临着学生之间、学校之间以及区域之间在能力和基础知识上的差异。因此，在实施音乐教育时，教师必须采取个性化的教学策略，确保每位学生都能在其自身的能力和兴趣基础上获得适当的音乐教育，这是音乐教学中至关重要的原则之一。

音乐教育的个性化教学需要教师深入了解学生的音乐知识、技能、接受能力等方面的音乐背景，在此基础上为每位学生设计符合其音乐水平和需求的教学计划。对于音乐基础较好的学生，教师应当设计更具挑战性的教学内容，以推动他们的音乐才能得到进一步的提高；对于那些音乐基础较弱的学生，教师则需要更多的耐心和细致的指导，帮助他们逐步提高水平，缩短与其他学生之间的差距。音乐学习本身也具有很强的个性化特点，这种因材施教的个性化教学能够最大限度地发挥每个学生的潜力，确保每个学生都能够在音乐学习中有所进步。

## （二）寓教于乐的原则

要想发挥出音乐教育功能就必须遵循教育教学规律和艺术的特点，使学生在乐于学习和接受音乐知识与技能的状态中进行音乐教学。[②] 学生在愉快的情境中更容易接受、内化音乐知识，获得情感和认知层面的深刻体验，以及心灵的滋养。

---

① 何娟，肖萌，梁军方. 音乐教学理论与实践研究 [M]. 北京：北京工业大学出版社，2021：57.

② 吴雅梦. 高校音乐教育多元化实践与发展研究 [M]. 长春：吉林人民出版社，2023：12.

在中小学音乐教学中，寓教于乐的原则还承担了德育的特殊责任。通过音乐活动，学生能够在享受音乐的过程中接受思想和品德的熏陶，实现德育的培养，在音乐技能提升的同时，精神和道德层面能够得到进一步发展。要达到以上要求应做好以下几个方面的工作。第一，在安排教学内容和课外音乐活动时，应选择能够表达思想积极向上的内容，并在艺术形式上具有高水平的音乐作品。这类作品能够传递正面信息，同时保证音乐活动在艺术上的吸引力。第二，通过对音乐作品的深入赏析和体验，学生能够与音乐产生共鸣，从而自然地理解和感受作品中蕴含的美学和道德观念。第三，通过学习和理解中国丰富的民族音乐遗产，学生不仅能够增强对本土文化的认同感，还能在经济全球化背景下更好地传承和推广中国音乐。第四，合唱、合奏等音乐集体实践活动是培养学生团队合作精神和社会交往能力的绝佳机会，学生需要相互协作共同完成演出任务，有助于培养他们的责任感、合作意识和集体荣誉感。

### （三）循序渐进的原则

循序渐进原则指教学中教师要严格按照科学知识的内在逻辑顺序和学生认知发展能力的顺序进行教学，使学生掌握系统的知识和技能，发展能力。[①]

音乐学习本质上是一个长期的积累过程，学生需要通过不断地实践和训练才能有所进步。因此，教师在制订教学计划时，应充分考虑学生的学习基础和发展需求，按照由浅入深、由易到难的方式逐步推进教学内容。教师在教学设计中要注意课程的系统性和逻辑性，每一节课的内

---

① 徐勤娜，赵玉岩. 音乐教学与表演艺术研究 [M]. 长春：吉林出版集团股份有限公司，
2020：60.

容应与前后课程紧密衔接，确保学生在学习新知识的过程中能够巩固已打下的基础。例如，在教授乐理知识时，教师要从最基本的音符、节奏、和弦等开始，再逐渐引入复杂的音乐结构和演奏技巧，循序渐进地帮助学生逐步掌握音乐技能，并在理解的基础上提高表现力和创造力。

### （四）情感体验的原则

音乐本质上是情感表达的一种特殊媒介，能够抒发与时代、社会、文化深刻关联的情感。学生通过音乐活动能够感受到深层情感，有助于其情感的深化和发展。

在音乐教学中，教师要与学生积极进行情感方面的互动，不仅要传授给学生音乐知识和技能，更要通过引导与交流，帮助学生更好地理解和体验音乐中的情感表达。师生之间积极的情感互动，能够为学生创造一个开放、温暖、包容的学习环境，使学生在音乐学习中感受到情感上的支持和共鸣。中小学音乐教学应该为学生提供多样化的情感体验机会。学生通过对不同风格题材的音乐作品的欣赏，能够感受到喜悦、悲伤、激动、宁静等多种情感表达方式。教师要善于引导学生对音乐作品进行分析和讨论，理解音乐作品的文化背景和情感表达的艺术手法，帮助他们在音乐学习过程中得到更加丰富的情感体验。

音乐的普遍语言属性使它跨越文化和国界，成为全人类的共同表达方式。音乐作品中蕴含的情感是审美教育的核心，音乐教师的情感表达能力则直接影响教学效果。因此，音乐教学中教材的选取和教师的情感状态显得尤为重要。一个富有情感的教学环境能激发学生的情感共鸣，优化他们的学习体验，达到教育的目的。考虑到中小学生的心理和生理发展阶段，应该选择那些能够引起学生兴趣和情感共鸣的活泼、欢快和鼓舞人心的乐曲，尽量避免选择那些可能引起学生情绪低落的音乐。教师在课堂教育过程中要情感饱满，通过示范演唱、情感丰富的朗读以及在演奏中恰当地表达情感来影响学生，以饱满的热情来感染和带动学生的情感。

第二章

中小学音乐教学
活动的设计

# 第一节　中小学音乐教学内容的安排

## 一、音乐感受与鉴赏教学

音乐感受与鉴赏是指人们从音响感知入手，通过对音乐的整体感受，展开想象、联想并引发情感共鸣，理解音乐作品思想境界的一种音乐实践活动。[①] 对于中小学阶段的学生来说，音乐感受与鉴赏教学是培养他们理解和欣赏深层次音乐能力的重要方式。音乐感受与鉴赏教学要重点掌握音乐的表现要素、音乐情绪与情感、音乐体裁与形式以及音乐风格与流派等几个方面，如图 2-1 所示。

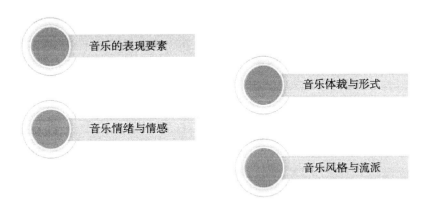

**图 2-1　音乐感受与鉴赏教学的教学重点**

---

① 徐勤娜，赵玉岩. 音乐教学与表演艺术研究 [M]. 长春：吉林出版集团股份有限公司，2020：26.

## （一）音乐的表现要素

音乐的表现要素主要包括节奏、旋律、和声、音色、音区、节拍、速度等，它们共同构成了音乐的基础框架，塑造了音乐作品的情感表现和艺术风格。在中小学音乐教学中，教师要引导学生认识和理解这些音乐表现要素的变化如何影响音乐的整体感受和表达，如节奏的快慢可以调动听者的情绪，旋律的升降可以表达不同的情感层次，和声的复杂性则丰富了音乐的"纹理"。学生通过区分和认识这些音乐的表现要素，能够在音乐学习过程中更加敏锐地感受作品的内在结构和情感表达，从而促进他们音乐欣赏水平的提高，帮助他们在日常生活中更好地体验艺术的魅力。

## （二）音乐情绪与情感

音乐情绪与情感是音乐教学中的核心内容，是音乐作品能够打动人心的重要因素，它主要涉及音乐如何表达和引发情绪的复杂过程。音乐除了能够抒发情绪，还能够反映深层的社会和文化意义。教师在音乐感受与鉴赏教学中，要引导学生通过音乐作品的学习识别和理解这些情感，通过音乐体验深入作曲家的情感世界，将这些情感转化为个人的情感体验和表达。

不同的旋律、节奏、和声和音色组合在一起，能够表现出欢快、激动、宁静等多种多样的情感，这些情感都可以通过音乐的方式传递给听众。教师在教学过程中可以通过情感体验活动，帮助学生更加深刻地理解音乐中的情感表达，如可以播放不同情感色彩的音乐作品，要求学生通过肢体动作、绘画等非语言的方式表达他们在聆听音乐时的情感体验，增强学生对音乐情感的感知力，帮助他们通过多种方式表达和释放内心的情感。音乐情感不但是对个人情感的表达和宣泄，还包含了对社会、文化、历史等更广泛情感的反映。学生在鉴赏音乐时要通过深入理解作品的创作背景，感受其中的历史情感和文化内涵，获得更加丰富和深刻的情感共鸣。

### （三）音乐体裁与形式

音乐体裁与形式是音乐作品的外在结构和内在逻辑，它通过特定的组织方式，构成了音乐的整体框架。音乐体裁与形式的学习旨在让学生认识音乐表达的多样性和结构性，帮助他们更好地理解音乐作品的组织和构思过程，提升他们的音乐创作和表演能力。

音乐体裁丰富多样，涵盖了从声乐到器乐、从古典到现代的多种类型。学生通过接触不同的音乐体裁，可以感受到音乐表现的多样性与丰富性。歌曲、合唱等声乐作品通过人声的表达，具有强烈的情感和叙事性；交响曲、协奏曲器乐作品等则通过乐器的表现展现出宏大的艺术结构和复杂的音乐思想。音乐形式则涉及音乐作品的内在组织与逻辑结构。常见的音乐形式包括二部曲式、三部曲式、回旋曲式等，它们通过不同的音乐段落与主题的对比与发展，构建出音乐作品的整体表达。学生通过对音乐形式的学习，能够理解作曲家如何通过重复、对比、变奏等手法，创作出具有高度艺术性的音乐作品，体会到音乐作品的内在结构美与逻辑思维。

在音乐体裁与形式的学习中，教师要引导学生在欣赏音乐过程中形成更加深刻的审美体验，使学生在感受音乐美感的同时，理解音乐作品的内在逻辑与思想表达，通过形式与内容结合的审美体验为学生提供更加全面的音乐感知与鉴赏能力。

## （四）音乐风格与流派

每个时代和地区的音乐都有其独特的风格，这些风格影响了音乐的发展方向，也反映了社会历史的变迁。通过研究不同的音乐流派，学生可以更深入地理解音乐与社会环境之间的互动，以及音乐是如何随着时间演变而进化的。

音乐风格指的是音乐作品在艺术表现上的独有特征。不同的风格往往反映了作曲家的个性、时代背景以及社会文化的影响。例如，古典主义音乐以其严谨的结构与平衡的美感著称，浪漫主义音乐则通过丰富的情感表达和自由的形式展现出作曲家对个性和自然的追求。学生通过对不同风格的音乐作品进行欣赏，能够感受到音乐表现手法与情感表达上的差异，进而形成对音乐风格的敏锐感知力。音乐流派则是音乐创作中具有相似理念和风格特点的作曲家群体或音乐运动。古典主义音乐、浪漫主义音乐等不同的音乐流派代表了特定历史时期的音乐发展趋势和艺术思想。通过对这些音乐流派的学习，学生能够更好地理解音乐在历史进程中的演变和发展，体会音乐如何与社会、文化、历史相互作用，建立起对音乐文化背景的认识。

音乐风格与流派的教学不仅能够提高学生的音乐知识水平，还能够增强他们的文化理解力。通过对不同风格与流派的欣赏，学生能够感受到音乐艺术与社会文化的紧密联系，理解音乐作为文化载体的功能和意义。学生在感受艺术美的同时，可以体验音乐作品背后的社会历史和文化变迁。这种多层次的鉴赏体验，帮助他们形成全面和深刻的音乐审美观。

## 二、音乐表现教学

音乐表现教学在中小学音乐教育中占据核心位置，其实践性和能动性贯穿整个教学过程，是培养学生音乐表现能力和审美能力的关键途径。通过教学活动的设计，学生不仅能够在音乐中表达个人情感，还能够通过团队合作培养协作精神和社交能力，同时在音乐实践中体验到美的愉悦。音乐表现教学主要包括演唱教学、演奏教学、综合性艺术表演、识读乐谱四个方面的内容，如图 2-2 所示。

图 2-2　音乐表现教学

### （一）演唱教学

演唱是连接学生与音乐世界的桥梁，通过演唱学生能够直接参与音乐的表现和表达，有效提升他们对音乐的感知能力。演唱教学中要使学生掌握发声技巧与控制，促进学生的声音自然发展，并关注他们情感的表达和对音乐作品的理解。声音是演唱的基础，学生需要通过发声练习掌握正确的呼吸、共鸣、音准等技巧。教学过程中教师应通过科学的发声训练帮助学生建立健康的声音基础。呼吸是声音的动力，正确的呼吸方法能够提高学生的音量并改善他们的音质，还能够帮助他们在演唱中更好地控制声音的强弱和情感表达。音准和节奏也是演唱教学中不容忽视的关键要素。教师应通过不同音程、音阶的练习帮助学生准确掌握音高，保持演唱的稳定性。节奏训练能够帮助学生在演唱中准确把握乐曲的节奏变化，使音乐表现更加流畅、更具表现力。

音乐演唱要注重情感表达，音乐作品本身承载了丰富的情感内容，学生演唱时除了要准确表达作品的旋律和节奏，还要通过声音传达出作品的情感内涵。教师可以通过对音乐作品的分析和引导，帮助学生理解作品中的情感脉络，并鼓励他们在演唱中表达出个人的情感体验，进行个性化的情感表达。教学中应该融合从简单的齐唱到复杂的多声部合唱等多种歌唱形式，逐步提高学生的演唱水平和艺术修养。合唱形式不但能够提高学生的音乐欣赏能力，而且能够培养他们的团队合作精神和音乐整体感。

## （二）演奏教学

演奏教学的核心在于激发学生对音乐的热爱，增强他们的学习主动性。通过亲身参与乐器演奏，学生能够通过表现和创造音乐来强化自身的音乐理解和表达能力。演奏教学要注重培养学生的演奏技巧，掌握基本的指法、音准、节奏等要素，建立扎实的演奏基础，教师还要通过多样化的教学手段，帮助学生在演奏中实现情感的表达和艺术的再现。演奏活动可以极大地激发学生对音乐学习的兴趣，提高他们的积极性。这是因为演奏教学满足了学生对音乐探索的内在需求，尤其是对于那些在其他音乐领域（如歌唱）可能没有显著才能的学生来说，它提供了一个全新的参与方式。演奏教学中技术与艺术的结合是非常关键的，学生在掌握基本的演奏技术的基础上，还需要在演奏中传达出音乐作品的情感与内涵。教师要引导学生通过音乐作品的分析理解音乐的结构、情感走向以及作曲家的创作意图，从而在演奏中表现出更高层次的艺术性。

乐器演奏教学中个体练习能够帮助学生集中精力提高自己的演奏技巧，但集体演奏也不能忽视，因为它能够培养学生的合作能力和音乐感知力。合奏或乐队中学生需要与其他演奏者紧密合作，共同完成音乐作品的表现。学生在合奏中应该多聆听他人的演奏，学会在团队中保持节奏、音准与情感的协调，增强团队意识与合作精神。演奏教学要注意根据学生的不同发展阶段进行个性化设计。对于刚接触乐器的学生，教师可以选择一些旋律简单、节奏清晰的音乐作品，帮助学生建立起基本的演奏技巧和信心。随着学生演奏水平的提高，教师可以逐步引入更加复杂和富有表现力的音乐作品，使他们在技术与艺术表现上得到更全面的发展。通过这种循序渐进的教学设计，学生能够在演奏学习中不断进步，逐步掌握乐器演奏的各项技能。

### （三）综合性艺术表演

综合性艺术表演是音乐表现教学中的一个重要部分，它结合了音乐、舞蹈、戏剧等多种艺术形式，使学生在表演中能够体验多维度的艺术创作与表现，这不仅有利于提高学生的音乐表现力，还能培养他们的艺术创造力和合作能力。音乐作为表演的基础，通过与舞蹈、戏剧等艺术形式的结合能够增强表演的感染力与表现力。在教学过程中，教师可以组织学生进行集体创作，让他们在团队中共同设计和完成一个综合性的艺术表演，这样的表演能让学生全面展示自己的音乐才能，在舞台上展现出丰富的情感和艺术表现力。

在综合性艺术表演中，音乐是情感和故事表达的重要载体。学生通过演唱、演奏等音乐表现方式，能够为整个表演提供情感线索和节奏引导。教师要引导学生理解音乐与其他艺术形式之间的关系，让他们在表演中利用音乐来增强戏剧的情感和舞蹈的节奏，通过艺术形式的融合，体验多样的艺术表现，从而在音乐学习中获得更加丰富多元的艺术体验。综合性艺术表演具有高度的互动性和创造性，学生在表演中承担着表演者和创作者的双重角色，他们通过自己的创造力和想象力，将音乐与其他艺术形式结合在一起，创作出独特的艺术作品。教师在教学中要鼓励学生大胆尝试新的表演形式，通过集体创作的方式培养他们的合作意识和集体荣誉感。

### （四）识读乐谱

掌握识谱技能对于音乐表演、创作和欣赏来说是非常重要的。通过识谱教学，学生能够加深对音乐结构的理解，提高音乐记忆力和音乐思维能力。这种能力的提高使他们在音乐欣赏和表演中更加投入和敏感，能够准确地捕捉音乐的情感流动。乐谱的识读教学要从最基本的音符、拍号、节奏等内容开始，理解乐谱所表达的音乐结构和情感。教师在教学中可以逐步增加乐谱的复杂性，帮助学生在不同的音乐作品中应用所学的乐谱知识，逐步提高他们的识读能力。学生经过识读乐谱的学习后，不仅能够根据乐谱进行演唱和演奏，将静态的乐谱转化为动听的音乐表现，还能够将实际听到的音乐通过乐谱符号准确记录下来，进行初步的音乐创作来实现自己的艺术想象和情感表达。

## 三、音乐创作教学

音乐创作教学在中小学音乐课程中占据极其重要的地位，其主要目的是通过演唱、演奏、音乐欣赏等活动来培养学生的创新思维和演奏能力。音乐创作的过程不是简单的技术操作，而是艺术思维与情感表达的结合。教师在音乐创作教学中要充分激发学生的创造性思维，为他们提供自由的表达空间，通过系统的引导和适当的技术支持，让学生在创作中逐渐确立个人的艺术风格。具体来说，音乐创作教学的重点包括以下几个方面的工作，如图 2-3 所示。

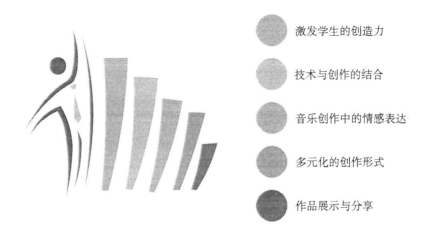

激发学生的创造力

技术与创作的结合

音乐创作中的情感表达

多元化的创作形式

作品展示与分享

**图 2-3 音乐创作教学的重点**

## （一）激发学生的创造力

音乐创作并不局限于既定的规则和格式，而是鼓励学生在自由的音乐空间中进行探索。教师可以通过尝试不同的音乐创作方式，鼓励学生大胆地进行旋律、节奏、和声等方面的尝试，通过创作来表达自我思想和情感。教师在激发学生创造力的过程中，要尽量避免过度限制学生的创作自由。音乐创作是一个自由表达的过程，过多的规矩可能会限制学生的创造性思维。教师可以通过开放性的创作任务，让学生在多样化的音乐素材中找到自己的表达路径。例如，可以要求学生创作短小的旋律片段或尝试即兴创作，使他们能够自由地发挥想象力，从中体验到创作的乐趣。

### （二）技术与创作的结合

尽管音乐创作强调自由表达，但技术上的支持同样重要。在音乐创作教学中，学生需要掌握旋律线条的设计、和声的构建、节奏的组织等基本技法，以便为自己的创作打下坚实的基础，从而在创作时更加自信和有方向。教师应鼓励学生灵活运用这些技术，在不同的情境下进行创作，以找到技术与自由创作之间的平衡，并逐步发展出个人的创作风格。

### （三）音乐创作中的情感表达

在音乐创作教学中，教师应引导学生将个人情感融入音乐作品，通过旋律、和声、节奏等手段表达他们的情感变化。情感是音乐的核心，学生在创作过程中能够通过音乐的形式表达内心的喜悦、忧伤、兴奋或宁静等情感状态。教师可以通过让学生聆听具有强烈情感表达的音乐作品等情感体验活动，帮助他们理解如何通过音乐表达情感。在实际创作中，学生可以根据自己的情感体验，选择不同的音乐元素来表达这些情感。例如，通过旋律的起伏来表现情感的变化，通过和声的进行来表达内心的张力、和解等情感状态。这种情感表达的训练不仅能够提高学生的音乐创作水平，还能够帮助他们通过音乐找到个人的情感出口。

### （四）多元化的创作形式

音乐创作教学应鼓励学生探索多种音乐形式，帮助他们在不同的风格和体裁中找到创作的乐趣。传统的旋律、节奏、和声是音乐创作的基础，可以在此基础上引入电子音乐、电影配乐等现代音乐创作的元素，拓宽学生的创作视野。

在教学中，教师还可以通过跨学科的方式，将音乐创作与其他艺术形式结合起来，进行多元化的创作实践，帮助学生体验音乐创作的多样性，丰富他们的艺术表现力。多元化的创作形式不仅有助于培养学生的综合艺术素养，还能够激发他们对音乐创作的长期兴趣。

### （五）作品展示与分享

在音乐创作教学中，学生通过创作作品并向他人展示，能获得来自同伴和教师的反馈，并从中找到进一步提升的方向。通过作品展示与分享，学生能够更加自信地表达自己的音乐思想，在与他人的互动中学会倾听与欣赏他人的创作。教师在这一环节中扮演着引导和评价的角色，除了对作品的技术层面的反馈，还要注重对学生创作想法和情感表达的尊重与认可。通过积极的反馈方式，教师能够帮助学生建立起对音乐创作的信心，激励他们在未来的创作中继续探索。

## 四、音乐与相关文化教学

音乐与相关文化的教学展现了音乐教育中的人文学科特性，这种特性是音乐教学提升学生文化素养的关键领域。音乐作为一门艺术，其发展与完善受到绘画、戏曲、舞蹈、文学、历史等文化背景的影响。通过探索音乐与这些文化之间的联系，学生可以拓宽自己的文化视野，提升对音乐的感受和理解能力。音乐的丰富内涵和强大表现力源于它与多种文化的紧密结合。因此，在教学中，将音乐与各相关文化知识进行融合是增强教学活力的有效方法。如果教学内容仅限于音乐本身而忽略了与其他文化的关联，音乐的教育价值将大打折扣，难以充分发挥其在培养学生个性发展中的作用。音乐与相关文化的广泛性表现在与其他艺术形式的直接联系上，还涉及与文学、历史、地理等学科的交叉融合。虽然音乐与相关文化在某些方面拥有独立的教学内容，但更多的是通过音乐的鉴赏、表现和创作活动达成教学目标。这些内容主要围绕音乐与社会生活、音乐与其他艺术以及音乐与其他学科之间的关系展开，如图2-4所示。

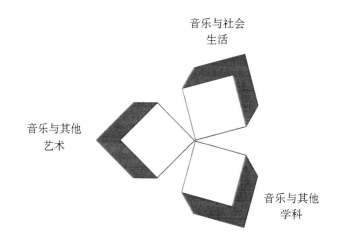

图2-4　音乐与相关文化教学的主要内容

### （一）音乐与社会生活

　　音乐与社会生活紧密相连，是社会生活的产物和反映，并在多方面深刻影响着社会的进步。音乐通过其独特的艺术形式美化人的精神世界，并对政治、经济、文化等领域产生深远影响。中国传统文化中强调音乐的功能，认为音乐能够改善风气与习俗，显示了音乐作为一种精神力量的重要作用。在教学中，通过让学生参与和理解社会音乐活动，可以加深他们对音乐与社会生活关系的感知，激发对音乐的热爱和对生活的认同。

音乐作为一种社会活动承载着特定的社会功能，在仪式、庆典、宗教活动等场合常常被用来传递特定的情感和象征意义。通过学习这些社会功能，学生可以认识到音乐是个人艺术创作的产物，且具有深刻的社会性，能够表达集体记忆、文化认同和历史变迁。通过理解音乐与社会的关系，学生可以了解到音乐如何通过其独特的语言影响社会，并在文化的传承与创新中发挥作用。古典音乐、爵士乐、流行音乐等不同的音乐流派和风格往往与其所在的社会文化背景密切相关，学生通过分析这些音乐风格的演变，可以理解音乐如何回应并影响着社会的审美观念与思想意识，还可以培养他们的文化敏感度和社会责任感。

### （二）音乐与其他艺术

音乐与其他艺术的联系同样紧密，舞蹈、美术、戏曲、影视和曲艺等艺术形式虽各具特色，但都是情感和思想的表达方式，它们共享审美特性并互为补充。

音乐为舞蹈提供了节奏、情感线索和表现空间，舞蹈则通过身体的律动与音乐产生互动，强化了音乐的情感表达。在教学中，学生可以通过体验音乐与舞蹈的结合，感受到两者在艺术表现中的相辅相成。当音乐节奏感强时，舞蹈动作往往以快速的步伐来呼应，并通过这些步伐的编排和节奏的变化，生动地表现出音乐的动态情感。通过这种结合，学生能够深入地理解音乐中的节奏、旋律与情感变化，并通过肢体语言表达这些音乐元素的变化。在戏剧表演中，音乐常常被用来渲染气氛、强化情节和塑造角色。歌剧、音乐剧等艺术形式更是音乐与戏剧完美结合的体现。在音乐教学中，学生可以通过欣赏和表演音乐剧作品，理解音乐如何与戏剧中的情节、人物、情感相呼应，增强对戏剧表演的感知力和艺术表现力。音乐与文学的关系主要通过歌词、诗歌和音乐作品的叙事性表现出来。许多音乐作品，尤其是声乐作品往往借助文字来表达思想和情感。歌词作为音乐的一部分具有高度的文学性。学生在学习音乐时可以通过分析歌词的文学结构和语言表达，理解音乐与文学如何相互作用，进而提升他们的文学鉴赏能力。音乐与美术也有着深刻的联系，音乐通过声音表现情感和美感，美术则通过视觉形式传递艺术思想。历史上许多画家和音乐家都曾受到彼此艺术形式的启发。学生可以通过欣赏绘画作品中的色彩、构图和线条，感受它们与音乐中的旋律、和声和节奏的相似之处，更好地理解艺术的共性与差异，培养他们的艺术创造力和综合艺术思维。

将音乐与其他艺术的教学进行结合，不仅能帮助学生理解这些艺术之间的相互关系，还能全面提升他们的艺术鉴赏能力和创造力。通过实际的艺术融合活动，学生可以更深入地理解音乐在跨艺术领域中的作用和影响，丰富学习体验，提高他们的多元思维能力和对复杂艺术形式的理解。

### （三）音乐与其他学科

音乐与数学、历史、科学等多个非艺术学科的结合展示了其多样的教学应用，丰富了学生的学习体验，使他们能够从全面的跨学科文化视角理解和感受音乐的内涵，促进综合素质和知识水平的提高。

音乐中的节奏、音高、和声等要素往往与数学中的比率、分数和序列密切相关。节奏的长短、音符的时值都可以通过数学计算来精确掌握。通过将音乐与数学结合的方式，学生可以更好地对比和分析，理解音乐中的逻辑结构和数学原理，这种跨学科的学习能够增强学生对音乐的理解，提高他们在数学学习中的抽象思维和逻辑能力。声音具有频率、振幅和波长等物理属性。在音乐教学中，学生可以通过对声音的科学探索，理解乐器发声的原理、音色的形成以及不同频率对人类听觉的影响，激发他们对科学现象的兴趣和探究欲望。不同历史时期的音乐风格、作曲技法和音乐观念往往与当时的社会、政治和文化背景密切相关。学生通过学习音乐史，不仅能够了解各个历史时期的音乐特点，还能够理解音乐如何反映历史事件的真相并影响了历史的进程。通过音乐与历史的结合，学生可以更加全面地了解历史事件和社会变迁，培养他们的历史思维和文化意识。

在中小学音乐教学中，教师可以通过引入数学、科学、历史等相关学科的知识，让学生在音乐学习中体验跨学科的乐趣和价值，加深学生对音乐的理解，激发他们对其他学科的学习兴趣和创造力。

## 第二节　中小学音乐教学方法的选择

音乐教学方法是教师在教育活动中为了达成音乐教学的目标，而采用的一种互动手段。音乐作为一门既依赖听觉艺术特性又涉及科学原理的学科，其教学方法需要兼顾艺术的独特性和教育的普遍规律。中小学音乐教学中常用的教学方法可以归为：语言类、实践类、体验类三大类型。

# 一、语言类教学方法

作为一种听觉艺术，音乐主要通过聆听来教学，但在音乐教育中，语言的作用同样不容忽视。音乐作品是艺术直觉的体现，涉及科学的逻辑思维。这些思维的表达往往需要通过语言来实现，特别是音乐中的逻辑成分，通常需要教师通过详细的语言解释，以确保学生能够清楚理解。语言类教学方法主要依赖教师的口头表达来进行音乐知识的传授、技能的培养、智力的发展及音乐审美教育。这种方法分为两种形式：一种是教师单向主导的言语讲授法，适用于直接的知识传递；另一种是更为动态的言语交流法，它鼓励师生之间的双向交流，以促进更深层次的理解和反思。这两种方法各有优势，能够配合使用以适应不同的教学场景和学习需求。下面对语言类教学方法进行具体分析，如图 2-5 所示。

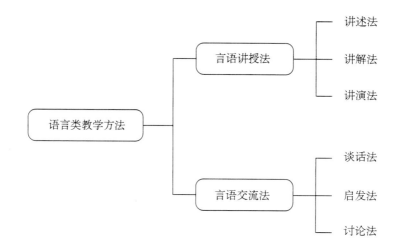

图 2-5　语言类教学方法的构成

### （一）言语讲授法

在音乐教学中，言语讲授法是基本且普遍应用的方法，它主要依靠教师的口头讲解来传授音乐知识。通过教师对教学内容进行系统化、结构化的讲解和阐述，帮助学生理解音乐的基础理论和表现手法。言语讲授法不是简单的信息传递，而是一种通过讲述、讲解、讲演等多种形式，使教学内容生动且富有逻辑性，从而提高学生的学习效果的方法。

言语讲授法允许教师主导教学过程，精确地控制教学节奏和内容的深度。教师可以系统地向学生介绍音乐理论的构成、音乐史的发展、作品的分析、音乐家及乐器等知识。这种方法有助于教师在较短时间内向学生传授大量连贯而系统的音乐知识。言语讲授法的优势在于，教师能够充分展现教学主动性，而且便于在讲授过程中加入各类音乐知识点，确保内容的全面性和深入性。然而，这种方法需要教师具备出色的语言表达和组织能力，以及高效地引导学生参与和理解教学内容的能力。言语讲授法的主要缺点是，一旦运用不恰当可能会抑制学生的积极参与，导致教学活动变成单向的信息传递。为了避免这种情况，教师应当在讲授时配合启发式的谈话法，灵活调整教学策略，增加互动和讨论的环节，以激发学生的学习兴趣和思考。言语讲授法包括以下三种形式。

### 1.讲述法

讲述法是指教师以口头形式向学生叙述音乐的历史、背景、创作过程或作品的艺术特点，通过结构化的叙述使学生对音乐作品的创作背景、风格特征等有更深入的理解。讲述法常用于介绍音乐史、作曲家生平或特定音乐风格等内容，它能够有效帮助学生建立起音乐与社会、历史之间的联系。讲述法强调语言的流畅性和连贯性，需要教师通过富有感染力的叙述引导学生进入音乐的世界。在实际教学中，教师可以通过讲述音乐的创作过程、作品背后的故事等，帮助学生加深对音乐的理解，在言语中塑造情感氛围，使学生通过教师的讲述获得更丰富的情感体验与更宽广的想象空间。

### 2.讲解法

讲解法侧重对音乐作品、理论概念或技术要点的分析与解释，具有分析性的特点，需要教师通过逻辑严密的讲解使学生理解音乐的内在结构和表现手法。讲解法多用于理论知识的传授，也可以帮助学生掌握音乐创作中旋律的构建、和声的使用、节奏的组织等技术细节。在运用讲解法时，教师的主要任务是通过层层剖析将复杂的音乐知识转化为学生能够理解和吸收的内容。在讲解过程中要注重语言的清晰性与条理性，通过循序渐进的方式，使学生逐步建立起对音乐知识的系统性理解。

### 3.讲演法

讲演法是一种更为正式的讲授方法，它需要教师通过高度艺术化的言语表达，将音乐知识与思想情感结合起来，向学生传达音乐作品的深层含义和文化价值。讲演法通常用于重大音乐主题或复杂音乐作品的教学场合。教师通过富有表现力的语言可以引导学生进入更为深入的音乐理解与体验。在讲演法的应用中，教师不仅是知识的传递者，也是情感的表达者。通过生动的语言、富有感染力的叙述和表达，教师能够使学生在感知音乐的同时，感受到音乐背后更深层次的文化与艺术价值。特别是在音乐作品鉴赏教学中，使用讲演法能够让学生在理解音乐结构的同时，体会到作品中蕴含的艺术情感。

### （二）言语交流法

言语交流法是指通过教师与学生、学生与学生之间的对话与互动，促进知识的获取与理解。这种方法有助于学生对音乐概念有更清晰的理解，增强学生的思辨能力和独立解决问题的能力。言语交流法的主要形式包括谈话法、启发法和讨论法。

#### 1.谈话法

谈话法是指教师与学生进行对话式的交流，引导学生在互动中理解音乐知识并激发思考。与讲述法或讲解法不同，谈话法更注重双向的交流与互动。教师通过提出问题、启发思考，引导学生在对话中探索音乐的奥秘。谈话法能够活跃课堂氛围，培养学生的语言表达能力和音乐思维能力。教师提出问题引导学生积极参与到教学活动中，然后借助学生的反馈，使他们进行独立思考和深入讨论。例如，在乐理教学中，教师可以通过提出问题，引导学生探讨和分析音乐作品中的和声结构的方式，帮助学生更深入地理解音乐理论。谈话法的有效性在于，其不仅能够刺激学生的思考，鼓励他们表达自己的见解，还能够帮助教师及时发现和纠正学生的错误。

在中小学音乐教学中，谈话法常用于引导学生对音乐作品进行讨论或评价。教师通过提出开放性问题的方式可以引导学生从不同角度分析音乐作品的情感表达、形式结构以及艺术价值。通过谈话，学生不仅能够表达自己的观点，还能够从其他同学的观点中获得新的启发，有助于建立批判性思维，培养创造性的表达能力，在互动中加深对音乐的理解。

#### 2.启发法

启发法是一种通过提出问题并引发学生思考，从而促使学生主动探索和发现音乐知识的教学方法。教师在教学中不直接给出答案，而是通过精心设计的问题引导学生自己去思考、分析和解决问题。启发法可以有效激发学生的好奇心和求知欲，使他们在自主思考的过程中形成对音乐的独立见解。启发法侧重通过教师的引导，使学生在自发探索中学习和领会音乐知识。教师提供启示性的问题或情境，激发学生的好奇心和探索欲，引导学生从已知知识迈向未知领域。这种方法可以有效地提高学生的学习动机，使他们在音乐学习过程中更加主动。启发法强调教师的引导作用，但更多的是让学生在学习过程中发挥主体作用，通过自我探索和实践来构建知识体系。

启发法多用于理论知识的引导与音乐创作的启发。教师可以设置问题或情境引导学生在音乐学习中发现规律和技巧。例如，教师可以演奏一个旋律片段然后要求学生思考它的构建方式，并探索不同的变奏可能性。通过这种方法，学生既可以掌握音乐知识，又能够在思考和探索中激发自己的创造力与想象力。启发法的成功实施取决于教师提出的问题是不是艺术且适当的。因此，问题应当具有一定的开放性，能够引发学生的深入思考，而不是简单的知识回忆。在教学实践中，教师还需要根据学生的学习情况及时调整问题的难度与方向，确保每个学生都能够在启发性思考中获得能力的提高与个人发展空间的扩展。

### 3.讨论法

讨论法主要通过集体讨论的方式，使学生在互动中思考音乐问题、表达个人见解并从他人的观点中获得启发。讨论法强调集体智慧的碰撞与交流。在讨论过程中，学生分享各自的看法，更加全面、深入地理解音乐作品或理论概念，深化对音乐的理解。讨论法特别适合处理复杂的音乐理论问题或进行音乐作品的深入分析。通过讨论，学生可以听到不同的观点和解释，从而拓宽视野，增强思维的多样性并提高批判性思维能力。在讨论中，教师的角色是协调者和引导者，他们需要确保讨论的焦点是集中的，同时鼓励学生发表自己的见解，并在讨论结束时对讨论内容进行总结和归纳，确保学生能从讨论中获得实质性的进步。

## 二、实践类教学方法

实践类教学方法可以将音乐教学中的理论与实际操作相结合，让学生通过实践深入理解音乐的内涵。实践类教学方法注重学生的实践操作和体验，引导学生通过自己的实践积累来掌握音乐技能，提高对音乐的感知力、表现力以及创造力。实践类教学方法主要包括练习法、体态律动法和游戏教学法。

### （一）练习法

练习法是实践教学中常见的一种方法，它通过反复的实践活动帮助学生形成和完善各种音乐技能。练习法注重基础技能的培养，使学生在不断的练习中巩固音乐理论知识，并将这些知识应用到具体的音乐表现中。练习既包括视唱练耳与乐器演奏的技术练习，又包括创作和动作等多种形式。教师应用练习法时应设计从简到难的练习环节，避免单调重复，确保练习的趣味性和有效性。初期的练习可以是简单的节奏、音准和基本技巧，随着学生技能的提高，可以逐步增加练习内容的难度，加入更加复杂的音乐元素，帮助学生在基础扎实的情况下逐步掌握更多音乐表现技巧。通过特定练习，学生能够学会如何控制音量、调整节奏、表达情感等，这些细节能够提高他们的演奏或演唱水平，帮助他们在音乐中传达更丰富的艺术内涵。教师在指导学生练习时不仅要注重技术上的指导，还要帮助学生理解每一个练习背后的音乐意义，让学生在练习中真正感受到音乐的艺术魅力。

不同的学生在音乐能力和学习速度上存在差异，因此，教师要根据每个学生的具体情况制订个性化的练习计划，帮助他们在自己的节奏中逐步提高。这种个性化的练习方式既尊重了学生的个体差异，又确保了每个学生都能够在适合自己的练习强度下取得进步。

### （二）体态律动法

体态律动法主要通过身体的运动和音乐的结合，帮助学生在身体的律动中感知和表现音乐。体态律动法认为音乐与人的肢体动作有着天然的联系，动作可以更直观地理解音乐的结构与情感。在实际教学中，学生通过身体动作来感知音乐的节奏、强弱、速度和旋律变化，从而使音乐的学习变得更加立体和直观。音乐本质上是一种时间艺术，它是节奏和旋律形成的流动结构。通过身体的律动，学生能够在物理层面体会音乐的节奏变化和韵律。教师可以引导学生在音乐中做出不同的步伐、拍手或跳跃动作，帮助他们感受音乐的节奏律动，将音乐的抽象概念具体化，使学生更直观地理解音乐中的节奏结构。

体态律动法能够帮助学生掌握音乐的节奏感，提高他们对音乐情感的表达能力。不同的身体动作往往带有特定的情感色彩，学生通过身体的表现能够传达音乐中的情感变化。教师在教学中可以鼓励学生用不同的身体动作来表现音乐的情感变化，如用轻快的步伐表现欢快的音乐节奏，用缓慢的摆动表现柔和的音乐旋律，通过身体与音乐的结合增强学生对音乐的理解，提高他们的艺术表现力。体态律动法还能够培养学生的合作能力。在集体音乐活动中，学生协调身体的动作，与其他同伴共同完成音乐节目，能够增强学生的团队意识，帮助他们在音乐中体验到集体创作的乐趣。

教师实施体态律动法时应注意以下几点：第一，律动活动是自然流畅的，所以，教师不应过分强调动作的整齐划一，更重要的是让学生感受音乐的自然韵律；第二，学生的情绪在律动活动中可能会变得高涨，教师需要妥善管理课堂秩序，确保律动活动有序进行；第三，可以将律动活动与其他音乐活动（如即兴创作）结合，进一步激发学生的创造力和音乐表达力。

### （三）游戏教学法

游戏教学法是一种以游戏形式开展音乐教学的方式，通过轻松愉快的氛围激发学生学习的兴趣和主动性，在模仿、律动、即兴表演中提升其音乐能力。游戏活动强调音乐与动作的结合，让学生在玩耍中自然而然地学习音乐，在无形中提高自己的乐感和节奏感。游戏教学法的优势在于能够激发学生的学习兴趣，有效调动学生的积极性和参与度。通过游戏，学生能够体验到学习的乐趣，在轻松的氛围中突破音乐学习中的难点，提高学生的节奏感和创造力。游戏教学法具有很大的灵活性，教师可以根据不同的教学目标和学生的兴趣，设计涵盖从音乐知识的巩固到技能的实践、从音乐感知的提高到情感表达的训练等多个方面的游戏内容。通过灵活多样的游戏，学生能够从中体验到音乐的多样性与乐趣，在不知不觉中掌握音乐知识和技能。

游戏教学法注重对学生创造性表达的培养。在游戏过程中，学生需要根据不同的规则或情境进行即兴的音乐创作或表现。教师要多鼓励学生在游戏中进行音乐创作，让学生通过自由的表达方式展示个人的艺术风格和想象力，提高他们的音乐创造力，帮助他们在音乐中找到自信与提高成就感。游戏教学法是一种有效的教学手段，这是因为学生能够在放松的状态下体验音乐，避免了学习中的枯燥感和压力感。教师在使用游戏教学法时要根据学生的年龄、兴趣和学习需求，设计适合学生的游戏形式，使学生在玩乐中学会音乐，在轻松的氛围中提高音乐学习能力。

## 三、体验类教学方法

体验类教学方法是指教师引导学生利用耳朵、眼睛等器官感知音乐要素的基本特征，帮助学生建立对音乐的深刻认知。体验类教学方法注重学生的感官参与和情感体验，能够有效增强学生的音乐理解能力和表现能力。体验类教学方法又可以分为聆听法、示范法、演示法、欣赏法和创设情境法，如图2-6所示。

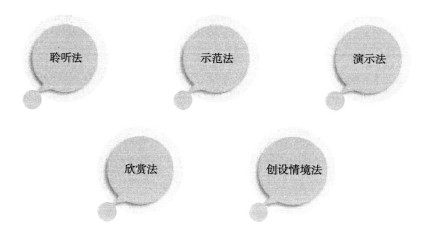

图 2-6　体验类教学方法

### （一）聆听法

音乐作为一种听觉艺术，其教学的核心在于聆听。在音乐教学中，无论使用何种教学方法，聆听总是不可或缺的环节，任何偏离直接听觉感知或忽视聆听的教学都是违背音乐教育规律的。教师在教学过程中，引导学生进行有目的的聆听，能够帮助学生辨识音乐中的旋律、节奏、和声、音色等基本要素，提高他们的音乐感知能力。聆听法不是要求学生简单地被动接受，而是要求学生在聆听的过程中进行积极的思考与分析。教师要引导学生关注音乐作品的节奏的变化、旋律的起伏、音色的对比等，使学生能够更加深入地理解音乐的结构与表现方式，帮助学生建立起对音乐作品的系统性理解。教师可以选择不同风格和时代的音乐作品，通过有层次的聆听任务逐步培养学生的音乐感知能力。在聆听过程中，教师还要关注学生的情感体验，使学生充分感受到音乐传递的情感和思想，在音乐中找到情感的共鸣点。

聆听教学法的实施过程中需要重点关注以下几点：第一，确保聆听活动占据教学的核心地位，避免让语言讲解或视觉演示过多地干扰音乐的直接体验；第二，教师应设计既系统又富有吸引力的聆听活动，使其充分激发学生的兴趣和参与感；第三，聆听的内容要精准贴合音乐教学目标，避免空洞的理论讲解或脱离实际的故事讲述。教师通过实施聆听法，可以逐渐培养学生对音乐深层次的理解和感受能力，使学生逐步进入音乐的审美境界，真正体验到音乐给自己带来的精神愉悦和心灵净化。

## （二）示范法

示范法在各种音乐学习活动中占有重要位置，尤其是在唱歌、演奏和律动教学环节中。教师或学生的示范可以使学生新学习的技能和概念变得更加直观和易于理解。例如，在学习新歌或新乐曲时，教师先唱或演奏一段，学生跟随模仿，能够帮助学生快速掌握音乐技能，加深他们对音乐风格和技术的理解。特别是在初学阶段，真人示范的效果尤为显著，能够直接展示音乐的节奏、力度、音区等变化，给学生带来立竿见影的学习效果。教师作为音乐表现的引领者，通过精湛的技术和情感表达向学生展示音乐的美感和表现力。学生在观察教师的示范过程中不仅能够学习到音乐的技术要点，还能够感受到如何通过音乐传达情感与思想。通过模仿教师的示范，学生可以在实际操作中逐步掌握音乐的表现技巧。在教学过程中，教师可以利用分解动作、慢速演奏等方式帮助学生逐步理解复杂的音乐技术。学生通过观察教师的手势、指法、呼吸等细节可以更加清晰地理解音乐的技术要求，并在反复模仿中掌握这些技术。在示范法实施过程中，教师不但要注重对学生技术层面的传授，还要帮助他们理解音乐作品的艺术表现。通过情感表达、音色变化等手段向学生展示如何通过音乐传达不同的情感与思想，帮助学生更好地理解音乐作品的内在含义，并将情感表达更好地应用在自己的音乐表现中。

示范法也具有一定的局限性，如学生可能会过度依赖模仿而缺乏自主探索和创造。因此，在示范法实施过程中，教师需要适当引导，激发学生的主动性和创造性，同时结合使用启发式教学、讨论法等其他教学方法，以促进学生全面发展。

### （三）演示法

演示法主要通过教师的直观演示或使用图表、模型和多媒体等教具，向学生展示音乐知识和技能。演示法具有生动形象的特点，目的是将抽象的音乐概念和理论通过可视化的方式呈现出来，在视觉和听觉的双重感官参与下，使复杂的音乐理论和音乐技术变得易于理解。在音乐教学中，演示法常用于音乐作品的分析与讲解。教师利用演示乐谱的分析、音乐的分段演奏或录音回放，帮助学生理解音乐的结构、表现手法和创作技法，加深学生对音乐作品的理解。演示法借助视频演示或电脑软件的辅助，可以更加生动直观地展示音乐中音色的变化、不同和声结构的效果对比等音乐技术细节和表现方法，丰富学生的学习体验，提高学生的学习效果。

演示法具有很强的互动性，教师在演示过程中可以通过提问或让学生参与某些环节的演示，增强学生的参与感和学习兴趣。学生在互动式的演示中不仅能够掌握音乐的表现方法，还能够亲身参与音乐的创作与表现过程，有助于学生学习动力的提高。演示法的一个重要功能是反馈和改进，在学生表演后回放学生的录音或录像，可以让学生进行自我评价和修正，增强学生的自我反思能力。为了最大化演示法的效果，教师需要确保所有学生都能清晰地看到或听到演示内容，必要时可以运用智能黑板、投影仪及网络资源等现代教育技术手段丰富演示的形式和内容。

### （四）欣赏法

欣赏法是一种通过引导学生感受和分析音乐作品的美感，培养学生的审美能力和艺术感知力的教学方法。欣赏法在音乐教学中扮演着极其重要的角色，可以有效丰富教学手段，提高学生的音乐体验。欣赏法一般包括组织学生参与各种音乐会、剧场演出、艺术展览和专家讲座等活动，这些活动可以让学生直接感受音乐和艺术的魅力。

#### 1. 激发学生的兴趣

欣赏法能够激发学生对音乐的兴趣。教师通过介绍作品的背景、作者的逸事或与学生生活经验相关的故事唤醒学生的好奇心和参与意愿，帮助学生在音乐中发现新的意义，增强学生的学习动机，提高学生对音乐情感和文化内涵的感知能力。

#### 2. 引发学生强烈的情感体验

音乐本质上是情感的流露，真正的音乐体验离不开深刻的情感共鸣。因此，教师在组织欣赏活动时需要创造条件，让学生在音乐中找到情感的共鸣点，这是实现教学目标的关键。教师可以通过引导学生关注作品的情感变化、表现手法以及作品背后的文化背景，帮助学生形成对音乐的全面认识。

### 3.指导学生将情感体验转化为具体的音乐实践

教师要引导学生关注作品的情感变化、表现手法以及作品背后的文化背景，帮助学生形成对音乐的全面认识，指导他们将情感体验转化为演唱、演奏、创作等具体的音乐实践。这一过程能够加深学生对音乐的理解，也是情感表达的一种方式，有助于培养学生的创造力和审美能力。

### （五）创设情境法

创设情境法在音乐教学中具有独特的作用，它通过环境和情感的相互作用，无形中将学生带入一个特定的艺术氛围中，使他们更容易接触和理解音乐的情感深度。创设情境法强调利用环境布置、光影效果、多媒体技术等多重元素，营造一个丰富的教学场景，促进学生情感的共鸣和艺术的体验。

情境创设的关键在于让学生身临其境地体验，感受到音乐的情感表达与艺术魅力。教师可以创设不同的场景或情境，让学生在特定的氛围中进行音乐的表现与创作。在音乐表现中，情感的传达至关重要。学生在特定情境中进行角色扮演，能够更加自然地表达出内心的情感。教师可以引导学生在不同情境下表现不同的音乐情感，如创设快乐的场景来表现轻快的音乐、创设悲伤的情境来表现忧伤的音乐，通过这种情感与音乐的结合来增强学生的音乐表现力。创设情境法还能够激发学生的创造力。在创设情境过程中，学生需要根据情境的需求进行即兴的音乐表现或创作。所以，教师要设计一些开放性的情境任务，鼓励学生进行自由的音乐创作，让他们充分发挥自己的艺术想象力和创造力，在音乐学习中找到自我表达的途径与学习音乐的乐趣。创设情境法不但能够应用于传统的音乐教学，还可以广泛应用于文学、历史、艺术等跨学科的教学活动中。通过音乐探讨不同文化和历史时期的社会背景，提升学生的综合理解能力。教师在应用此法时需注意两个方面：一是创设的情境需要与教学内容紧密相关，确保情境的设计能够有效支持教学目标；二是考虑到资源和设备的限制，教师需要根据实际情况灵活调整教学策略，确保每个学生都能在教学中获得良好的学习体验。

# 第三节　中小学音乐课堂教学设计

课堂教学设计是教师为确保教学质量而进行的一项基本且必要的计划工作。合理、科学的课堂教学设计能够有效组织教学内容，激发学生的学习兴趣，提高课堂的效率与质量。优质的音乐课堂教学设计能够为学生创造最佳学习条件，优化教学效果，是音乐教育理念向教学实践转化的重要桥梁。在进行音乐课堂教学设计时，教师需要以教育心理学和音乐教学理论为指导，利用系统论的方法来深入分析教学任务，最终设计一套科学的音乐教学策略。

## 一、课堂教学设计的原则

课堂教学设计是教师为了优化教学过程而必须进行的一项系统性工作，它是上好音乐课的基础，也是教师深化对教育标准、教材内容、学生需求和教学现实的理解过程。课堂教学设计应遵循以下几个原则，如图 2-7 所示。

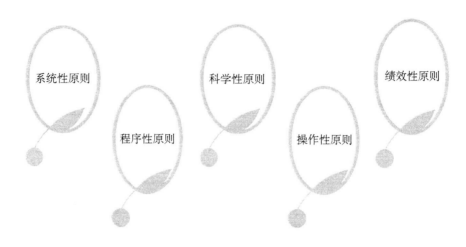

系统性原则

科学性原则

绩效性原则

程序性原则

操作性原则

**图 2-7　课堂教学设计的原则**

## （一）系统性原则

音乐课堂教学设计是由教师、学生、教材和媒体等多元素构成的复杂系统，系统内部可以分为教学目标、教学方法和教学评价等子系统。每个子系统在独立运作的同时，与其他系统存在相互依赖和相互制约的关系，共同构成一个协调一致的整体。教学目标在这一体系中起着核心和指导作用，它使教学设计不再是孤立的片段，而是将不同的教学环节有序结合起来，形成一个完整的体系。在设计音乐课堂教学时教师需要全面考虑，从宏观的系统理论角度出发，细致分析教学中的各个元素如何相互作用，以及如何高效整合这些元素，以达到最优的教学组合和效果。

系统性原则体现在教学内容的逻辑性与连贯性上。学生需要通过逐步的学习过程，从基础的乐理知识、简单的音乐感知到更复杂的音乐表达与创作。教师设计教学时应考虑到各个教学环节之间的衔接与过渡，使学生在循序渐进的学习过程中不断深化对音乐的理解。应系统地设计音乐教学，帮助学生在情感、审美、思维等多方面得到综合发展。教师应注重多元化的教学手段与形式，通过视听结合、动静结合的方式，系统地提高学生的综合素质。

### （二）程序性原则

音乐教学的设计是一个严密的系统工程，这意味着其需要一套明确的操作程序和流程。音乐教学活动中的内容和结构应当按照一定的程序排列组合，各个环节能够相互支撑，前后环节能够有效衔接，形成一个内部连接紧密的连贯系统。有序的设计程序既要符合音乐教育的艺术规律，也要适应学生的认知和发展规律。

音乐教学中的每一节课都有特定的教学任务与目标，教师需要根据这些目标合理安排教学内容，确保教学过程有序进行。程序性不仅是音乐教学设计的外在表现，更是教学实施的内在逻辑，旨在帮助教师与学生在音乐教学过程中明确任务、掌握进度、逐步达成教学目标。程序性原则在音乐教学设计中体现为教学过程的合理分配，每个教学环节都应具有明确的任务和阶段性目标。例如，音乐欣赏课需要按照引导、聆听、讨论、总结的顺序展开，确保学生在每个环节中都能有所收获。教师在设计教学程序时应考虑学生的认知规律和学习节奏，通过精心安排的教学流程，引导学生逐步深入理解音乐的内涵。教师还要根据学生的学习反馈适时调整教学节奏与内容，确保教学程序能够真正服务于学生的学习需要，增强课堂的互动性与参与感。

（三）科学性原则

科学性原则是确保课堂教学设计合理性与有效性的基础，它要求音乐教学的教学内容和教学方法符合音乐学科的基本规律与教育学的科学理论。音乐教学涵盖了从演唱到演奏，再到音乐欣赏、乐谱阅读、视唱练耳以及创作等多种活动，这些内容既包括具体的音乐知识和技能，也包括具有抽象美感的艺术体验。音乐课堂的设计应当基于音乐艺术教育的固有规律，将科学方法融入教学策略和过程之中，确保教学活动的有效性和科学性。

科学性原则主要体现在教学内容的选择与组织上，既要注重基础知识的系统性和理论的严谨性，也要考虑学生的学习特点与兴趣。教师在选择教学内容时应确保所选内容符合学生的音乐认知水平和能力，避免因教学内容过于简单或复杂，影响学生的学习兴趣与效果；在选择教学方法时，则需要综合运用演示法、示范法、游戏教学法等，帮助学生在动手操作与体验中理解和掌握音乐知识与技能，确保教学效果的最优化。教师在设计音乐课堂教学时还要考虑如何通过科学的评价手段，准确反映学生的学习成果与进步，确保学生在学习过程中获得有效的指导与激励。

（四）操作性原则

一个好的教学设计不仅要具备理论上的科学性，还应具有较强的可操作性，使教师在实际教学过程中能够顺利实施教学计划并达到预期效果。操作性原则是指教学设计要注重实际教学条件的限制与教师自身的教学特点，使教学设计最终能够在实际课堂中得到有效应用。教学目标的设定除了要具有明确性，还要具有可操作性，使教师能够在教学中清晰判断目标的达成情况。

　　教师在设计教学活动时要考虑到学生的实际能力与具体课堂条件，确保每个教学活动都能够在实际教学中顺利实施。例如，在设计音乐创作活动时，教师需要考虑到学生是否具备必要的创作能力，以及是否有足够的时间和资源来支持创作活动的开展。通过合理的活动设计与安排，教师能够确保课堂教学的顺利进行，并最大限度地提高教学效率。操作性强的设计能够确保教学计划不会停留在理论上，而是能被实际执行，真正引导和改善教学过程。教师需依据先进的教育理念来构建这一教学计划，确保设计的每个部分都具体、明确且易于操作，让教师和学生都能有效地参与到教学活动中。

## （五）绩效性原则

　　教学设计的绩效性极为关键，它直接关系到教学质量的提高。有效的教学设计应当具有完善的教学步骤，以确保教学活动能够达到预定的教育目标。教师在教学过程中要不断地进行绩效评估，通过学生的反馈来调整和优化教学策略，促进教学质量的提高。教学绩效的评估除了关注学生的学习结果，还应考虑教学过程中教师的教学行为和学生的参与度。通过对教学过程中的绩效进行持续监控和评估，教师可以及时发现并解决教学中出现的问题，优化教学方法和策略，提高教学效果。在实际教学过程中，往往存在学生的学习进度不一致、课堂氛围不够理想等情况，教师需要根据具体情况灵活调整教学计划和方法，确保教学设计能够根据实际情况得到及时调整与优化。通过灵活操作增强课堂教学的有效性，提高教师的教学适应能力，最大限度地提高教学效率。

## 二、课堂教学设计的基本步骤

课堂教学设计的基本步骤包括教学任务的确定、教学目标的制定、教学策略的设计、教学过程的规划、教学评价的实施。这些基本步骤可以保证教学过程的连续性和有效性。

### （一）教学任务的确定

明确教学任务是课堂教学设计的第一步，也是奠定整个教学设计基础的重要环节。教学任务的明确需要根据课程标准、教学大纲和学生的实际学习需求来具体进行。明确教学任务可以为整个教学过程提供方向和框架，确保教学内容和教学活动的设计能够有的放矢，符合学生的学习特点与课程目标。

音乐课堂教学任务通常包含两个方面：一是传授音乐理论知识，二是培养学生的音乐表现力与创造力。教师在确定教学任务时，需要考虑学生的音乐水平、认知能力以及课程目标。不同年级的学生在音乐素养和能力上的差异决定了教学任务的不同。如对于初学者而言，教学任务侧重基本的乐理知识和简单的音乐感知训练，而对于具备一定基础的学生，教学任务则更注重音乐创作、演奏或演唱技巧的提升。教学任务的明确不仅有助于教师设计教学内容，还能够帮助学生明确学习目标，增强学生的学习动力与积极性，使其更好地参与到课堂学习中。

### （二）教学目标的制定

制定教学目标是指导教学活动和评估教学成效的基准。在完全掌握教学内容并了解学生实际情况后，教师应设定既科学又具体的目标，旨在明确指出学生在学习过程中应达到的具体技能与认知水平。音乐教学目标的制定涉及以下几个方面。

第一，教学活动的主体应当是学生。音乐教学的实质在于促进学生主动参与和自主学习，逐渐确立学生在学习过程中的主体地位。合理的教学目标设定要强调学生的主动学习行为，而非教师的教学行为。第二，教学目标中使用的行为动词应该是具体、明确且可测评的，避免使用过于笼统或抽象的表述，这样有助于教师对教学成果进行有效评估。如果教学目标是通过学习某首歌曲来提高学生的歌唱能力，此时应明确指出通过哪些具体行为或标准来测量歌唱能力的提升。第三，教学方式应灵活多样，富有创意并引人入胜。教师要深入了解学生的兴趣和心理特点，设计出符合学生年龄、心理发展及实际能力的教学活动，激发学生的学习热情，有效避免教学过程中的单调和乏味。第四，教学目标应具有普遍性，即应设定在全体学生能够达到的基本水平上，而非只有少数优秀学生能实现的高标准。这保证了教育的普惠性，使大多数学生都能在教学活动中获得成功的体验，同时为能力较强的学生提供了进一步提升的空间。

### （三）教学策略的设计

在音乐课堂教学中，教学策略设计得好坏直接影响教学目标的实现与否和教学效果的优劣。教学策略不仅涉及教师如何传授知识，更关系如何激发学生的学习兴趣和参与度。因此，在制定教学策略时，教师需综合考虑教学内容、学生的认知特点及教学环境等因素，选择最合适的教学手段。例如，利用多媒体技术可以增强音乐课堂的互动性和视听效果，使抽象的音乐理论知识更加生动具体；小组合作学习的方式则可以增强学生之间的交流与合作，提高他们的实践能力和创新思维。

有效的教学策略要具备灵活性和适应性。教师在实际教学中需要根据课堂的进展和学生的反馈及时调整教学策略。例如，当发现学生对某一知识点存在理解困难的情况时，教师可以通过增加互动环节或提供更多示范帮助学生加深理解。灵活调整教学策略能够提高课堂的有效性，增强学生的学习体验。

### （四）教学过程的规划

规划教学过程是构建有效音乐课堂的关键步骤，教师在这一阶段需要将课程目标转化为具体的教学活动，确保每一个环节都能够促进学生的音乐能力的发展。在此过程中教师除了关注学生的技能提高以外，还要关注他们情感的培养和审美的提高。在教学过程规划中，教师应采取实际操作、情景模拟等灵活多变的教学形式，使学生在参与和体验中学习音乐，增加课堂的开放性和互动性，让学生在探索中发现问题、解决问题，真正达到"以学定教"的教学目的。

教学过程的规划应遵循循序渐进的原则，使教学内容从易到难、从基础到深入，确保学生在逐步积累的过程中理解和掌握音乐知识与音乐技能。音乐课堂中教学过程的设计通常包括导入、展示、练习、总结等环节，每一个环节都应有明确的任务与目标，确保学生在不同的学习阶段都能有所收获。

教学过程的规划还应注重学生的学习节奏和参与感。教师在教学规划的过程中还需要考虑学生的学习能力和课堂注意力，合理安排教学任务的难度与时长。例如，在教授复杂的音乐理论或技巧时，教师可以通过分段教学，将一个复杂的内容拆解成多个小任务，让学生在每个小任务中逐步掌握并内化知识。

### （五）教学评价的实施

教学评价是教学设计中不可或缺的一部分，它可以帮助教师了解学生的学习进度和教学活动的效果，从而及时调整教学策略和改进教学方法。教学评价应贯穿整个教学过程，从课前的准备到课后的反馈都应有所体现。教师可以通过观察学生的课堂表现、作业完成情况及定期的测评结果来了解学生的学习状态，同时需要学生对教学内容和教学方式给出反馈，以便教师及时调整教学计划。教师还应对自己的教学进行反思、评估教学目标是否达成、教学内容是否适宜、教学方法是否有效，等等，以确保教学活动能够真正促进学生的全面发展。

## 三、课堂教学设计的优化策略

课堂教学设计的优化能够提升教学效果，激发学生的学习兴趣与创造力，增强学生的课堂参与感。以下是对课堂教学设计优化策略的详细分析，如图 2-8 所示。

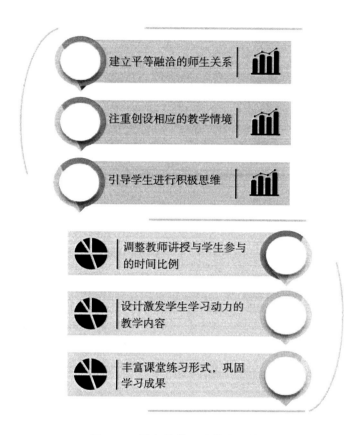

图 2-8　课堂教学设计的优化策略

## （一）建立平等融洽的师生关系

音乐教学是一门情感和艺术相结合的学科，在教学过程中，师生之间的互动直接影响学生的学习体验与学习效果。良好的师生关系能够增强学生的课堂参与度，激发学生的创造力和表达欲望。为了优化教学，首先要做的是改变以往教师主导的模式，转向以学生为中心的教学模式，通过尊重学生、建立友好的互动关系，大幅减少学生的心理压力，营造一个轻松愉快的学习环境。在这样的氛围中，学生更愿意主动学习和表达自己的想法，有助于提高学生的音乐技能，培养学生的创造力和独立思考能力。

在音乐课堂中，教师应与学生保持平等的交流方式，尊重学生的个体差异与表达需求。音乐教学中的表演、创作和讨论等活动需要学生在开放、自由的氛围中表达自己。因此，教师在设计教学活动时，应注重营造宽松、和谐的课堂氛围，让学生能够自由地发表意见和展示自我。教师应帮助学生在学习过程中产生积极的情感体验，并通过师生之间的互动提升音乐表现力。建立平等融洽的师生关系还意味着教师需要以积极的态度对待学生的每一次尝试和表现。音乐是一种感性与理性的结合，学生在学习过程中难免会遇到困难和挫折，教师应鼓励和支持学生，帮助学生在学习过程中建立信心与自我认同感，避免对学生的表现提出过于严厉的批评。

### （二）注重创设相应的教学情境

音乐教学中的情境创设能够激发学生的学习兴趣，使他们更加直观、深刻地理解音乐的内涵。通过将音乐学习与具体的情境相结合，学生能够在特定的情境中体验音乐的情感和表现手法，增强自己的学习体验和感知能力。教师应根据音乐课程内容精心设计教学情境，使课堂活动与学生的生活经验相联系，强化学习的实际意义。例如，讲述与音乐作品相关的背景故事或使用多媒体技术模拟具体情境，可以有效地吸引学生的注意力，加大他们对音乐学习的情感投入；将现代音乐与学生熟悉的流行文化相结合，可以使学习内容更加贴近学生的实际生活，提高他们对音乐学习的兴趣。

### （三）引导学生进行积极思维

在音乐教学中，引导学生进行积极思维是激发学生创新和探索欲望的关键。教师要灵活运用问题讨论、案例分析和角色扮演等多种教学策略，引导学生积极参与音乐学习的过程，增强学生的求知和创新欲望。例如，学习完一首歌曲后，教师可以引导学生探究歌曲的创作背景和作者的意图，鼓励学生进行歌词的再创作或音乐的改编。这一活动能够深化学生对音乐作品的理解，培养他们的创造力和积极思维能力，使学生在音乐学习中实现个性化的表达和创新，进一步提高他们的综合音乐素养。

音乐创作是学生积极思维的重要体现，而创作任务和创意活动能够激发学生的创新欲望，使他们在音乐创作中可以表达个人的思想与情感，有效提高自己的艺术表现力与创新能力。

### （四）调整教师讲授与学生参与的时间比例

音乐课堂的有效性取决于学生的参与程度，所以，教师应适当减少讲授时间，转向更多地引导学生自主学习，增加学生对课程内容的思考时间，促进学生问题解决能力的发展。教师要给予学生更多的表现机会，增强学生的自信心和学习动力，使学生能够在轻松愉快的氛围中积极地学习和表达自己的想法。减少讲授时间还可以通过引导学生进行自主学习来实现。例如，教师可以为学生提供必要的学习资源和任务，引导他们在课前或课后进行自主的音乐学习与探索，使学生在课堂之外也能找到音乐学习的乐趣，还可以在课堂上讨论与展示分享他们的学习成果。

## （五）设计激发学生学习动力的教学内容

为了激发学生的学习动力，教师应巧妙设计课堂内容。音乐作为一门艺术学科，具有丰富的表现形式和风格，因此，教师可以设计多样化的教学内容，让学生接触到不同类型的音乐作品和表现形式，激发学生对不同音乐风格的兴趣。这种多样化的教学内容设计能够拓宽学生的音乐视野，帮助他们在学习过程中找到个人的兴趣点。教学内容的设计要注意结合实际生活，从而增强学生对音乐学习的现实感和实用性。通过将音乐与文化、社会、生活相结合，能够使学生在学习中感受到音乐的现实意义和应用价值，增强学生的学习动力和兴趣。

## （六）丰富课堂练习形式，巩固学习成果

完成音乐理论和实践教学后，教师应该利用多样化的练习形式来巩固学生的学习成果，包括设置互动问答、分组合作表演和个别学生表演等形式。这些活动不仅帮助教师评估学生的理解和技能，还为教师提供了即时反馈，使学生能够识别和改进自己学习中的不足，有效地巩固已学知识，并在实践中提高自己的表演技巧和音乐创造力。

课堂练习的设计要注重学生的个体差异，这是因为不同学生在音乐学习中的学习速度和学习需求不同，所以，教师应根据学生的个体特点设计适合不同水平学生的练习任务，确保每个学生都能够在练习中获得提高。差异化的练习设计能够帮助学生在适合自己的学习节奏中逐步提升音乐能力，达到最佳的学习效果。

# 第四节　中小学音乐课外音乐活动的开展

课外音乐活动是学校音乐教育的重要组成部分，它与音乐课堂教学互为补充，是课堂教学的延伸。课外音乐活动提供了一个开阔的舞台，让学生在学校教育框架外接触更广泛的音乐知识和信息，满足了学生强烈的求知欲，使他们在轻松愉快的氛围中感受音乐的艺术魅力。系统地安排多样化和内容丰富的课外音乐活动，可以令学生探索更广阔的知识领域，丰富学生的精神生活，培养和发展他们的音乐兴趣、才能和特长。

## 一、课外音乐活动的价值

课外音乐活动在中小学音乐教育中占有重要的地位，它与音乐课堂教学相辅相成，对于学生的综合素质发展具有重大意义。课外音乐活动具有以下几种价值，如图 2-9 所示。

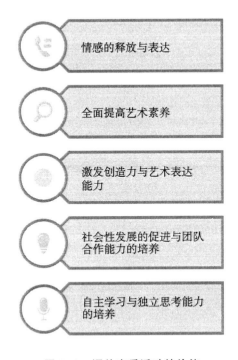

图 2-9 课外音乐活动的价值

## （一）情感的释放与表达

音乐本质上是一种情感的表达方式，它通过声音的组织和艺术的表现传达人类的情感体验与思想感悟。课外音乐活动为学生提供了一个自由表达情感的平台，不同于课堂内的理论教学，课外音乐活动更加注重音乐的实践与体验。学生能够借助合唱、乐队演奏等实际的音乐表现形式，将内心的情感通过音乐表达出来。情感的释放与表达能够帮助学生缓解压力，促进他们的情感发展与心理健康。在参与课外音乐活动的过程中，学生既是音乐的学习者，也是情感的表达者，他们通过音乐作品的演唱或演奏将个人的内心感受与情绪传达给听众。对于中小学学生而言，课外音乐活动是他们表达个人情感和思想的重要渠道。在音乐表演过程中，学生能够更加真实地面对自己的情感，并通过音乐找到情感的共鸣点，这有助于他们在音乐中找到自我，并通过音乐表达对世界的理解与认知。

## （二）全面提高艺术素养

音乐作为一门综合性的艺术学科，包含了丰富的文化内涵与艺术表现形式。学生参与课外音乐活动时能够接触到不同风格和流派的音乐作品，从而拓宽他们的音乐视野和文化认知，而通过音乐比赛、合唱团表演、音乐会等活动，学生能够欣赏到各种形式的音乐表现，并在潜移默化中提高自己的艺术修养。

课外音乐活动不但包括演唱或演奏，还包括对音乐文化的学习与理解。通过参加音乐欣赏会、音乐讲座等活动，学生能够深入了解音乐背后的文化背景和历史演变。跨文化的音乐体验可以使学生更加全面地认识和理解音乐艺术的多样性与包容性，他们的音乐鉴赏能力也会得到有效提高，并且能够学会从不同角度欣赏和评价音乐作品，从而形成个人独特的艺术品位与审美标准。

## （三）激发创造力与艺术表达能力

音乐作为一门创造性的艺术学科，为学生提供了一个自由发挥创造力的空间。在课堂教学中，学生往往需要遵循一定的规则和要求进行理论的学习和技能的训练。然而，课外音乐活动打破了这种限制，鼓励学生在实际音乐活动中自由表达和创造。无论是合唱团的排练还是乐队的即兴创作，学生都可以根据自己对音乐的理解和情感体验，进行个性化的艺术表达。音乐创作类的课外活动充分激发了学生的创造力，对旋律的设计、和声的编配、节奏的安排，学生都能够在实际创作中体验到音乐创造的乐趣。这种自由的创作体验，不仅增强了学生的音乐表现力，还培养了学生的创新思维和艺术感知力。在课外音乐活动中，学生不仅是音乐的学习者，更是音乐的创作者，他们通过创作将个人的情感与思想融入音乐作品，形成了独具个性的艺术表达。

### （四）社会性发展的促进与团队合作能力的培养

课外音乐活动在很大程度上促进了学生的社会性发展与团队合作能力。在合唱团、乐队等集体音乐活动中，学生需要与他人密切配合，合作完成复杂的音乐作品。这类集体音乐活动能够锻炼学生的沟通与协调能力，帮助他们理解合作在音乐表现中的重要性。集体音乐活动还强调每个成员的角色和责任。学生参与这类活动能够学会在集体中定位自己的角色，并与其他成员共同完成音乐表现任务。合作意识的培养对于学生未来的社会适应能力和团队协作精神十分重要。另外，在课外活动中，学生还能够认识更多的同伴，拓展人际交往圈，提高社交能力和自我表达能力。

学生通过参加音乐会、文艺演出、社区音乐活动等课外音乐活动，能够与更广泛的社会群体接触，展示自己的音乐才华，促进自信心的提高，增强自己的社会责任感与公共意识。

### （五）自主学习与独立思考能力的培养

课外音乐活动为学生提供了一个自主学习的空间。不同于课堂内的教师主导模式，课外音乐活动更多地依赖学生的自我管理与自主探索。例如，学生在参与音乐活动的过程中需要独立完成乐谱的学习、排练的安排以及音乐作品的演绎与创作。这一过程能够培养学生的自我管理能力，增强他们的独立思考能力与问题解决能力。在音乐创作和表演活动中，学生往往需要面对各种挑战和问题，他们通过独立思考和尝试能够在实践中找到解决问题的方法，并在反复地尝试与调整中不断提高自己的音乐表现能力，逐步形成自我反思与自我提高的能力。自主学习能力的培养通过课外音乐活动得以渗透到学生的整体学习生活中，而通过音乐活动还可以培养自律和自主意识。学生将这种能力应用到其他学科的学习中，可以提高整体的学习效果和学习效率。

## 二、课外音乐活动的原则

课外音乐活动作为校园教育的重要组成部分，其成功实施需要遵循一系列明确的原则，这样才能确保这些活动既充实又有效，从而满足学生的需求和学校教育的目标。以下是课外音乐活动开展的关键原则，每一项都对推动音乐教育的整体质量和学生个人发展具有重要影响，如图2-10所示。

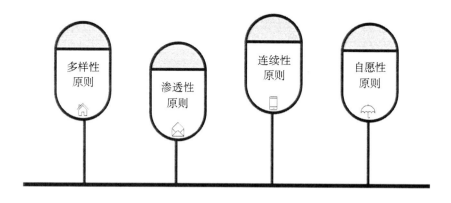

图 2-10　课外音乐活动的原则

## （一）多样性原则

在中小学音乐教学中，学生的个性、兴趣、能力等各不相同，所以，单一的音乐活动往往难以满足学生的需求，而只有多样化的活动形式才能够为学生提供更多选择的机会，激发他们的兴趣和参与热情。音乐具有丰富多样的表现形式，不仅包括独唱、合唱、乐队、乐团等类型，还包括歌咏活动音乐会、音乐比赛、音乐剧演出等活动组织形式。多样化的活动可以满足不同学生的兴趣和才能，增加他们的参与感和满足感。教师在教学过程中要根据实际情况灵活计划活动的规模，以适应不同的教育目标和学生的可用时间。多样化的音乐活动为学生提供了全方位的音乐体验，使他们从不同的角度接触音乐，全面发展音乐感知力和表现力。

## （二）渗透性原则

课外音乐活动从本质上来说仍然属于教育过程的一部分，通过巧妙的设计，能够渗透音乐教育的核心理念和目标，确保学生在参与课外音乐活动的过程中既收获了快乐又提高了音乐素养。音乐本身就具有深厚的教育意义，可以在不知不觉中影响和塑造学生的性格和价值观，因此，音乐教师在设计和实施课外音乐活动时要深入挖掘音乐作品的教育价值，引导学生在享受音乐的美好的同时，加深对音乐背后文化和哲理的理解，最终达到教育渗透的目的。

贯彻课外音乐活动的渗透性原则要求教师要尽可能选择具有教育意义的音乐作品，通过这些作品向学生传达艺术美感和文化内涵。例如，在合唱团排练中，教师要选择不同文化背景的歌曲，使学生感受到不同的历史文化氛围和情感。此外，也可以通过音乐专题讲座、音乐欣赏会等形式，将音乐教育与学生的日常生活和文化背景相结合，让学生在日常生活中自然而然地接触音乐、感知音乐以及应用音乐。

### （三）连续性原则

课外音乐活动不应孤立存在，需要与课堂教学密切相连，形成有机的教育体系。课外音乐活动作为课堂音乐教学的延伸，可以帮助学生巩固和加深在课堂上学到的音乐知识和技能。教师在策划课外音乐活动时要精心设计活动内容，确保其与课堂教学的知识点的连续性和渐进性，使学生在实践中可以进一步深化课堂上学到的音乐知识和技能。学生音乐技能的提高也要遵循连续性的原则，所以，教师要根据学生的实际能力及水平设计不同层次的课外音乐活动。对初学的学生，可以通过基础的歌唱或演奏活动，让其逐步掌握音乐的基本技能；对具有较高音乐素养的学生，则可以让其参与相对复杂的音乐创作或合奏活动，注重其音乐表现力和创造力的提高。

### （四）自愿性原则

课外音乐活动的自愿性原则确保学生在自己的兴趣和意愿的基础上选择自己喜欢的音乐活动，自由表达和表现自己。强迫学生参加不感兴趣的活动，可能会适得其反，容易导致他们对音乐产生抵触心理。因此，教师在组织活动时应充分考虑学生的意愿和兴趣，使用各种激励机制鼓励学生参与，而不是简单地指派任务。教师要充分尊重学生的意愿，因为每个学生对音乐学习的兴趣和能力各不相同，给予学生充分的尊重和自由能够增强学生的自主性和创造性，帮助他们在音乐活动中找到自我表达的途径。

## 三、课外音乐活动的组织形式

课外音乐活动在音乐教育中起到了重要作用，极大地丰富了学生的课外生活，为学生提供了实际参与音乐表现和音乐创作的机会。课外音乐活动的组织形式丰富多彩，既包括面对所有学生开展的普及性课外音乐活动，也包括为学生提供更深入的专业性课外音乐活动，这些学习机会能够满足不同学生的音乐需求，为学生的音乐实践提供广阔的平台。

### （一）普及性课外音乐活动

普及性课外音乐活动能够为所有学生提供参与音乐学习的机会，通过此类活动能够有效提高学生的音乐素养，激发他们的艺术兴趣，增强校园的艺术氛围。普及性课外音乐活动包括歌咏活动、音乐比赛、音乐会和文艺会演、音乐欣赏会和专题讲座。

#### 1. 歌咏活动

歌咏活动是比较常见的普及性课外音乐活动，它的形式通常为集体合唱。学生参与歌咏活动可以感受到音乐的集体性与合作性，帮助他们掌握基本的音乐节奏和音准，增强团队合作精神。歌咏活动通常在校内举行，学生可以通过班级、年级或学校组建合唱队伍并定期进行排练和表演。歌咏类活动在学校的各类节日或庆典中，常常作为一种集体性文艺表演出现，具有较强的参与性与互动性。学生在参与歌咏活动的过程中，不仅能提高自己的音乐表现能力，还能在集体中找到归属感。在筹备这类活动时，歌曲的选择是非常重要的，一般应选择具有鲜明的主题性和较高艺术性的歌曲。除此之外，还可以鼓励学生表演自创的歌曲，这样可以更好地反映学生的生活和情感，提高他们的创造力和自我表达能力。

### 2. 音乐比赛

音乐比赛是一种充满活力和挑战的普及性音乐活动，各种形式的音乐比赛能够激发学生的音乐创作热情，为他们提供充分展示自我的舞台。音乐比赛的形式多样，既可以是歌唱比赛，也可以是乐器演奏、音乐创作、音乐知识竞赛等其他形式。定期举办音乐比赛有利于学生对音乐知识的掌握，还能够激发学生的竞争意识，提升他们的自我表达能力和艺术表现力。在音乐比赛过程中，学生积极地交流与互动，能够借鉴彼此的音乐技巧和创作思路，在竞争中实现共同进步。

### 3. 音乐会和文艺会演

定期在学校音乐厅举办音乐会可以为师生提供一个展示音乐才能的平台，这些音乐会可以是大型的全校活动，也可以是小型的班级或年级活动，旨在通过实际表演来提升学生的表演技巧和舞台表现力。通过参与音乐会学生能够近距离感受不同类型的音乐表演，促进学生的音乐欣赏能力的提升。在音乐会组织过程中，还能够锻炼学生的组织策划能力，为他们提供实际的音乐活动操作经验。文艺会演是一种综合性的艺术活动，包括音乐、舞蹈、戏剧等多种表演艺术形式。文艺会演具有多样性和包容性的特点，能够为学生提供跨学科的艺术体验平台，帮助他们在音乐与其他艺术形式的结合中探索音乐的更多可能。

### 4. 音乐欣赏会和专题讲座

音乐欣赏会或专题讲座是面向全体学生的普及性活动，旨在通过聆听和讨论音乐，提升学生的音乐鉴赏能力。这类活动通常邀请专业音乐家或教师分享他们对音乐的见解，通过音乐作品的分析和讲解帮助学生更好地理解音乐的内涵与表现手法。音乐欣赏会通常会选择不同风格、不同历史时期的音乐作品，让学生感受音乐的多样性和艺术魅力。

### （二）专业性课外音乐活动

专业性课外音乐活动通常面向具有较强音乐基础的学生，旨在通过深入的音乐训练帮助他们在特定的音乐领域取得更大的进步，为他们未来的音乐学习与发展提供更为广阔的平台。专业性课外音乐活动包括合唱团、音乐兴趣小组及学校音乐宣传活动。

#### 1.合唱团

合唱团是一种典型的专业性课外音乐活动，合唱团的组织通常包括声部的划分、曲目的选择与编排、发声训练以及排练过程中的团队合作等，学生通过系统地排练与演出能够在合唱团中学习到更加专业的音乐知识与技能，还能够提升自己的音准、节奏感和声音控制力，培养团队合作意识。合唱团为学生提供了丰富的表演机会，学生能够通过集体表演展示他们的音乐才华，并在舞台上积累宝贵的表演经验。专业性较强的合唱团活动为学生提供了更加深入的音乐学习机会，帮助他们在音乐艺术的道路上不断进步。

#### 2.音乐兴趣小组

音乐兴趣小组是学校根据学生的音乐爱好与特长设立的专业性课外活动。音乐兴趣小组的设立能够满足不同学生对音乐学习的个性化需求，学校可以根据学生的不同兴趣爱好设立钢琴组、吉他组、作曲组等多种兴趣小组。音乐兴趣小组的特点是灵活性强，学生可以根据自己的兴趣和时间安排自由选择参与。在音乐兴趣小组中，学生能够与其他有相同爱好的同学一起进行音乐学习与创作，分享自己的音乐见解与经验，在轻松的氛围中提升音乐技能。

### 3.学校音乐宣传活动

学校音乐宣传活动通常是专业性较强的课外活动，旨在通过各种音乐形式的展示，向校内外传播音乐艺术。这类活动包括校园音乐节、学校乐队表演、音乐创作比赛等多种形式，学生可以通过这些活动展示他们的音乐才华，并在校园内外形成一定的影响力。通过参与学校音乐宣传活动，学生不仅能够提高自己的音乐表现力，还能够在活动的组织和宣传过程中积累实际的工作经验。学校组织的音乐宣传活动通常需要学生具备较高的音乐素养与表演能力，这类活动能够为学生提供展示个人音乐才华的机会，帮助他们在音乐领域中获得更广泛的认同与支持。

## 四、课外音乐活动的组织训练

课外音乐活动的组织训练是非常重要的，合理的组织训练能够提高学生的音乐表现力，培养学生在音乐领域中的创造力和责任感。下面主要对合唱团这一形式的课外音乐活动的组织训练进行详细分析。一个成功的合唱团需要经过组建、训练、演出等多个环节，这些环节都需要精心地策划与组织，才可以确保所有团员都能够在音乐活动中获得全面的发展。

### （一）合唱团的组成

合唱团通常由不同声部的学生组成，每个声部的成员都需要具备相应的音乐基础和声音条件，以保证合唱的和谐与表现力。在合唱团的组建过程中，教师应根据不同学生的声线、音域和音乐表现能力，将他们分配到适合的声部中。合唱团的声部划分应考虑每个声部的音质特点，如童声通常明亮、圆润；女高音清晰、轻盈，而女低音更为丰满和坚实；

男高音应清晰有力,男低音则需浑厚而有力。声部的选择应考虑到学生的音色、音域、音准和音量平衡的需求,以及个人意愿,特别是变声期的学生或年龄较小的学生需要安排在音域较低的声部,以保护他们的嗓子。

合唱团的人数从几十到上百不等,具体人数可以根据需要灵活调整,以确保声音的均衡和谐。编制应考虑声部之间的平衡,如外声部人数可适当多一些,以强化主旋律和基础低音的演唱效果。排列队形时通常采用半圆形布局以便指挥和声音传播。高声部通常位于前侧或左侧,低声部则在后侧或右侧,以确保所有成员都能清晰地看到指挥。合唱团中的指挥者和辅导者要具备高水平的艺术修养和强大的组织协调能力,不仅能够进行声乐训练和音乐指导,还要能够解决合唱团出现的其他问题。

### (二)合唱团的组织与排练

在合唱团的组织与排练过程中,教师需要精心设计排练内容和步骤,使团员在每一阶段都能有所收获。具体来说教师要做好以下几点。

第一,合唱曲目的选择与改编。教师在选择合唱曲目时需要根据学生的音乐水平和合唱团的实际情况选择合适的作品。对于初级合唱团而言可以选择旋律简单、节奏明快的歌曲,这些作品可以让学生逐步掌握基本的合唱技巧。对于经验丰富的合唱团则可以选择结构复杂、情感丰富的音乐作品,这些作品可以进一步提升学生的音乐表现力和技术水平。教师还要根据合唱团的声部组成和演唱能力对曲目进行适当的调整和改编。例如,针对男声部较为薄弱的情况,教师可以适当减少男声部的独立部分,增加其他声部的协作,以确保整体效果的和谐统一。

第二,合唱团的发声训练。良好的发声技巧不仅能够提升学生的音准和音色,还能够增强合唱的和谐美感。在发声训练中,教师应指导合唱团成员如何正确使用呼吸、控制气息，并通过发声练习提高音质和音量控制力。发声训练的重点在于学生如何保持稳定的气息支持，以及如何通过喉部、口腔等部位的协调来产生优美、共鸣且丰富的声音。教师可以逐步引导学生，帮助学生感受到身体的每一个部位如何参与到发声过程中，形成良好的发声习惯。同时，不同音高、音色的练习可以促使学生逐步提高自己的音色控制能力和音乐表现力。

第三，合唱排练的步骤与方法。合唱排练通常遵循循序渐进的步骤，教师应根据合唱团的实际情况设计科学合理的排练步骤，以确保合唱团成员在每一阶段都能够有所提高。排练初期教师可以先进行分声部练习，确保每个声部的成员都能够准确掌握自己的音准、节奏和旋律线条。通过分声部练习成员能够更加专注自己的部分，逐步形成对音乐作品的深刻理解。分声部练习之后，教师可以逐步进行声部间的合练，这一阶段重点在于不同声部之间的协调与配合。教师应引导合唱团成员通过聆听和感受其他声部的表现，调整自己的音量、节奏和情感表达，以确保整体效果的和谐与统一。合练过程中教师还应特别关注声部之间的音准平衡与节奏一致性，通过不断调整和强化训练帮助合唱团达到最佳的音乐表现状态。

### （三）合唱演出

合唱演出是对合唱团整体音乐水平的检验，也是合唱团成员音乐情感的表达以及分享音乐艺术的机会。为确保正式演出的顺利进行，教师在合唱演出准备过程中要帮助合唱团成员做好音乐作品的熟练演绎、情感的准确表达、与听众的互动等准备工作。还要通过彩排使合唱团成员适应舞台的环境，熟悉舞台布局与音响效果，及时发现并解决声音、灯光与舞台布局等方面存在的问题。合唱团成员在候场时应保持秩序，遵守指定的集合要求，随时准备接受指令上场。上场时应迅速且安静地进入舞台，按照预定的队形迅速定位，每位成员都要精准地找到自己的位置，避免不必要的混乱和噪声。全体合唱团成员在演出过程中应高度集中精神，严格观察指挥的指示，表情与情感的转换应与音乐的变化同步，以确保声音与情感的完美统一。

　　每次演出后还要进行详细的总结并收集反馈，讨论演出的要点与不足，这样合唱团才可以持续改进，增强团队的凝聚力和成员的艺术表达能力。

第三章

中小学音乐教学评价体系的设计

# 第一节　中小学音乐教学评价的原则与方法

合理的教学评价能够帮助教师了解学生的学习状态，从而发现教学中的问题，为后续教学调整提供依据。通过科学、全面的评价设计，教师能够准确把握学生的音乐学习水平和发展潜力，帮助学生在音乐素养、技能和创造力等方面取得全面进步。

## 一、教学评价的原则

在中小学音乐教学中，教学评价是对学生学习成果的检测，也是对整个教学过程的反思和优化。科学合理的教学评价体系不仅能够帮助教师全面了解学生的学习情况，还能为学生的音乐学习提供明确的方向。中小学音乐教学评价需要遵循导向性原则、整体性原则与可行性原则，以确保评价过程的科学性和实用性。

### （一）导向性原则

导向性原则强调教学评价要具备明确的目标导向，指引教师和学生朝着既定的教学目标前进。评价内容与教学目标需要保持一致。例如，教学目标是培养学生的音乐鉴赏能力，此时的评价应着重考查学生在音乐欣赏和理解方面的表现，而不是单纯关注技术性层面的演唱或演奏技巧。教学评价不但要对学生过去的学习情况进行总结，还要使学生通过评价了解到自己的不足，在未来的学习中有针对性地改进。评价内容还要具有引导性和前瞻性，教师在设计评价时除了关注学生当前的学习成果，还应考虑到学生未来发展的需求，注重对其创造性思维、艺术表达能力等方面的考查，帮助学生逐步培养独立的音乐理解和艺术判断能力。

### （二）整体性原则

中小学音乐教学工作是一个多层次、多元化的有机整体。这一整体涵盖了知识传授、技能训练、审美和情感教育等多个层面，因此教学评价也应该涵盖学生学习的各个维度，避免评价的片面性和局限性。

音乐学习是一个复杂的过程，学生的表现不仅涉及技术层面的演唱或演奏技巧，还涉及音乐的理解、情感的表达以及团队合作等方面。因此，教学评价应当涵盖学生的知识掌握、技能表现、音乐感知、创新能力以及情感体验等多个维度，这样的评价结果才能全面反映学生的综合素质与学习进展。

评价的整体性原则还体现在对过程与结果的综合考查上。教学评价关注学生考试中的表现，也关注学生在整个学习过程中的参与情况与进步。音乐学习的整体性评价包括课堂上学生的积极性、合作能力、音乐思维的形成与发展等方面，这些都是评价的重要组成部分。通过过程与结果相结合的评价方式，教师能够更加全面地了解学生的学习情况，并为后续教学提供反馈与指导。

音乐学习具有个性化与创造性，因此，单一的评价方式往往难以全面反映学生的学习成果。教师需要利用表演展示、音乐创作、听觉鉴赏等多种方式对学生的音乐能力进行多角度的考查。丰富的评价方式可以充分体现学生的多样化才能和综合能力，这有助于提高评价的公正性，还能够增强学生的参与感与学习动力。

### （三）可行性原则

可行性原则强调教学评价的实际操作性与可执行性。评价体系的设计必须符合教学实际，既要有效地反映学生的学习情况，又要在教学实践中方便操作。教师在设计教学评价时要充分考虑到评价的复杂性、时间成本以及教师和学生的实际能力水平，确保评价体系能够在实际教学中顺利实施。

教学评价应根据学生的年龄、认知能力以及音乐学习水平进行合理设计，确保评价内容既具有挑战性，又不至于过于复杂或难以操作。例如，在小学音乐教学中，评价内容可以侧重基础的音乐技能和音乐感知，中学阶段则可以逐步加入音乐创作、情感表达等更具深度的评价维度。教师设计评价方式时要尽量避免复杂冗长的评价流程，确保评价能够在课堂教学或课后活动中高效实施。例如，通过课堂观察法或音乐表演展示，教师可以在短时间内对学生的学习表现进行评估，并及时提供反馈，既节省了教学时间，又增强了评价的灵活性与实时性。教师根据评价结果及时调整教学策略，帮助学生更好地达成学习目标。

评价的可行性还体现在评价资源的合理配置上。教学评价需要时间、空间、技术等方面的资源支持，因此，教师在设计评价体系时，要充分考虑实际条件，确保评价体系能够在现有资源条件下顺利实施。教师还要善于利用录音、录像等现代技术手段，通过多角度地记录与分析，进一步提高评价的全面性与科学性。

## 二、教学评价的方法

中小学音乐教学评价是一个多维度的过程，需结合学校和地区的具体条件，综合运用各种方法，确保评价的公正性和全面性。教学评价的方法如图 3-1 所示。

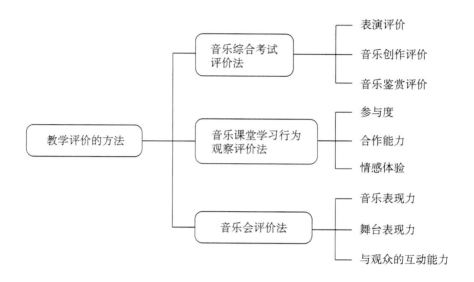

图 3-1　教学评价的方法

### （一）音乐综合考试评价法

音乐综合考试评价法是一种常用的评价手段，它通过对学生的演奏、创作、音乐鉴赏等多方面的考查，全面评估学生的音乐技能、艺术表现力和音乐感知能力。音乐综合考试评价法包括表演评价、音乐创作评价和音乐鉴赏评价。

1. 表演评价

教师使用表演评价能够直接观察学生对音乐作品的理解与表达，评估学生对音乐技能的掌握情况。表演考核包括乐器演奏、声乐演唱、合唱等多种形式，教师通过对这些方面的评价，不仅能够了解学生在技术层面的真实能力，还可以观察到学生在舞台上的表现力与自信心。教师在进行表演评价时还要注重对学生音乐表达能力的考查。通过考核学生在表演过程中如何处理音乐作品的情感起伏、音乐层次与节奏变化，教师能够更全面地了解学生的音乐理解能力和艺术表达能力，进而有助于培养学生在音乐表演中形成更强的个性化风格和艺术表现力。

### 2. 音乐创作评价

音乐创作是音乐学习中的高级阶段，除了要求学生具备较强的音乐基础知识和技能，还需要学生在音乐思维上具备一定的创造力和创新意识。音乐创作包括多种形式，既可以是学生根据给定的旋律进行和声编写，也可以是学生独立创作一段音乐作品。教师在评价时要注重对学生如何构建音乐主题、如何运用音乐结构进行创作、如何通过音乐表现特定的情感等音乐思维的考查，这样的评价才能充分展现学生的创新能力和音乐表达能力。当学生从教师给出的音乐创作中发现自己的独特表达方式时，便可以激发自己对音乐学习的热情与追求，培养音乐审美能力，帮助自己在学习中不断提高艺术品位与音乐感知力。

### 3. 音乐鉴赏评价

音乐鉴赏评价侧重评价学生对音乐作品的听觉分析和理解能力。学生在聆听不同风格和时期的音乐作品后需要能够识别并描述作品的音色、结构、风格和背景等。这一部分可以采用书面测试形式，即要求学生在听完音乐作品后描述和评价音乐作品乐器的音色特点、作品的风格及作者意图等，可以培养学生的音乐听觉和批判性思维。

音乐鉴赏评价不单是考查学生对音乐作品的理解，还能够培养学生的音乐审美能力。教师要引导学生关注音乐的情感表达、音乐元素的运用以及作曲家的创作意图，帮助学生形成对音乐作品的全面理解，使学生在聆听中提高音乐感知力，并逐步形成独立的音乐审美观念。音乐鉴赏评价还可以通过音乐作品的比较与分析来应用。例如，教师选择两段不同风格的音乐作品，要求学生在聆听后进行比较与分析，考查学生在风格鉴别、情感表达理解等方面的能力，帮助他们加深对音乐作品的理解，进而培养他们的艺术鉴赏能力。

## （二）音乐课堂学习行为观察评价法

音乐课堂学习行为观察评价法是一种以课堂行为为基础的评价方式，重点考查学生在音乐学习中的参与度、合作能力、情感体验等多方面的表现，综合评估学生的音乐学习情况。

### 1. 参与度

学生在音乐课堂中的参与度直接影响到他们的学习效果。教师通过观察学生在演唱、乐器演奏、小组讨论等音乐活动中的表现与参与度，评估学生的积极性与主动性。参与度高的学生通常能够在课堂中积极发言、主动参与各种音乐活动，并表现出强烈的学习兴趣与好奇心。通过观察教师能够判断学生在音乐学习中的投入程度，并根据评价结果提供针对性的指导与反馈。

### 2. 合作能力

音乐学习中的合作能力体现在学生与同伴之间的互动与配合上。合唱、乐队演奏等集体音乐活动需要学生具备良好的合作意识与团队精神。教师可以观察学生在合作活动中的表现，评估他们的团队合作能力与协调能力。合作表现良好的学生通常能够在音乐活动中与同伴保持良好的互动，并通过团队合作使音乐作品的表现效果达到最佳。

### 3. 情感体验

教师可以通过观察学生在课堂上的表情、身体语言等，了解他们对音乐作品的情感反应与体验。情感表达丰富的学生通常能够通过音乐活动表达自己内心的情感，并通过音乐找到情感的共鸣点。对情感体验的观察与评价可以帮助教师引导学生在音乐学习中形成更为深入的情感体验与艺术感知。

## （三）音乐会评价法

音乐会评价法是一种基于学生实际表演活动的评价手段，它通过对学生在音乐会中的表演进行综合评估，考查他们的音乐表现力、舞台表现力以及与观众的互动能力。音乐会评价法关注学生的技术能力，也注重对学生艺术表现力与情感表达的考查。

### 1. 音乐表现力

音乐表现力不但体现在演奏或演唱的技术层面，还体现在学生对音乐作品的理解与情感表达层面。在音乐会中，学生需要通过音乐表演将作品的情感内涵传达给观众，所以，教师可以观察学生在音乐表演中的表现，评估他们的音乐理解能力与艺术表现力。表现力强的学生通常在舞台上是十分有自信且具有艺术感染力的，可以通过音乐作品与观众形成情感共鸣。

### 2. 舞台表现力

舞台表现力主要体现在学生的肢体语言、面部表情等外在表现上，还有学生在舞台上的自信心与控制力。通过音乐会表演，学生可以在实际的舞台环境中锻炼自己的表现力与舞台适应能力，教师也可以利用对学生舞台表现力的评价，帮助学生增强自信心与舞台掌控能力。

3. 与观众的互动能力

音乐会评价法还能够考查学生与观众的互动能力，评估他们在音乐表演中的情感表达与艺术感染力。音乐会能够为学生提供展示自我音乐才能的机会，也是他们与观众进行情感交流与互动的平台。通过对学生与观众互动情况的评价，教师能够了解学生在音乐表演中的情感传达能力，帮助学生在未来的表演中进一步提高艺术表现力以及与观众互动技巧。

# 第二节　中小学音乐教学评价的内容与形式

通过多元化的评价内容与形式，教师可以更全面地了解学生的音乐学习进展，促进其个性化发展，激发学生对音乐学习的兴趣与创造力。合理设计音乐教学评价的内容有助于提高学生的音乐素养，引导学生更好地理解音乐的本质与文化内涵。

## 一、音乐教学评价的主要内容

在中小学音乐教育中，评价学生的音乐表现是一个复杂的过程，包括对音乐理论和实践能力的全面考查。根据理论环节与实践环节的不同需求，音乐教学评价内容需要涵盖音乐表现要素、音乐风格与流派、音乐体裁、音乐与相关文化等理论方面的知识，除此之外，还要包括识谱、歌唱、演奏等实践能力的考查，如图 3-2 所示。

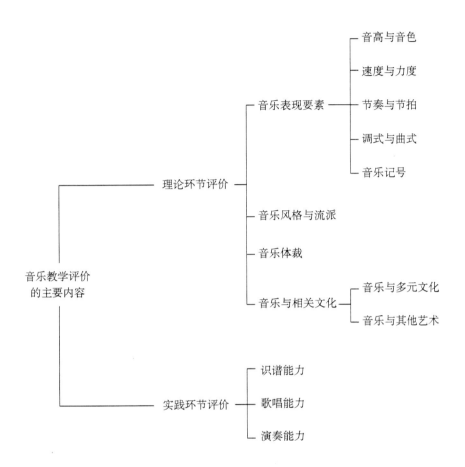

图 3-2　音乐教学评价的主要内容

**（一）理论环节评价**

理论环节评价是对学生音乐理论知识的掌握情况进行系统性考查，旨在帮助学生理解和掌握音乐基本元素、结构与表现手段，进而形成对音乐的全面理解。具体来说，理论环节评价主要包括音乐表现要素、音乐风格与流派、音乐体裁、音乐与相关文化等内容。

### 1. 音乐表现要素

音高与音色、速度与力度、节奏与节拍、调式与曲式、音乐记号等要素共同构成了音乐作品的基础框架，它是学生理解音乐的基本出发点。通过对这些要素的学习，学生能够逐步掌握音乐作品的结构与表现形式，提高对音乐作品的感知与分析能力。

（1）音高与音色。音高是音乐的基础，涉及对音符高低声调的掌握，是学生在音乐学习中需要掌握的基本技能之一。评价音高时重点在于学生能否准确辨识和再现各种音高。音色则是音乐的灵魂，不同的音色可以传达不同的情感和氛围。在评价学生音色方面的能力时，教师需要考查他们是否能识别并描述各种乐器和人声的独特音色，并理解音色变化对音乐表达的影响。

（2）速度与力度。速度与力度是影响音乐表现力的两个关键要素。速度决定了音乐作品的整体节奏感，而力度影响音乐的情感表达与音量变化。教师在评价时需要考查学生是否能够准确理解并运用不同的速度与力度标记，是否能够通过速度与力度的变化来表达音乐作品中的情感起伏。通过教师对速度与力度的评价，学生能够掌握音乐中情感表达的技巧，理解音乐表现的层次感与动态变化。

（3）节奏与节拍。节奏是音乐动态变化的骨架，它赋予了音乐特定的形式和感觉，掌握稳定的节奏感是学习任何音乐作品的基础。在具体评价中，教师需观察学生是否能准确把握和执行不同的节奏模式。节拍则是音乐时间的基本单位，学生需要进行各种练习以熟悉不同的拍号和节拍的感觉，从而在实际演奏中保持节奏的准确性和连贯性。

（4）调式与曲式。对调式的理解是进阶音乐学习的标志，它要求学生不仅能识别不同的调性，还能了解如何在实际演奏中应用。曲式的学习则帮助学生理解音乐作品的结构，评价时需考查他们是否能够识别并分析常见的音乐形式，如奏鸣曲式、回旋曲式等。教师在教学评价中通过对调式与曲式的考查，能够了解学生是否能够准确理解音乐作品的结构与调性变化，以及他们在实际演奏或创作中是否能够运用这些理论知识进行有效的音乐表达。调式与曲式的掌握不仅体现在学生对乐理的理解上，还影响他们在音乐实践中的表现与创作能力。

（5）音乐记号。音乐记号是音乐作品中用于指示演奏者如何演绎作品的符号系统，包括速度记号、力度记号、装饰音记号等。在评价学生在这一领域的能力时，需要考查他们对各种记谱符号的记忆、理解和应用能力。正确的记谱法能有效指导学生的演奏和理解，因此，这一能力的培养对学生的音乐学习至关重要。通过对音乐记号的评价，学生能够更好地理解音乐作品的意图与细节，促进他们的音乐表现力与技术水平的提升。这一评价也能够帮助学生在乐器演奏、歌唱等实践活动中更为自信地运用音乐记号进行艺术表达。

### 2. 音乐风格与流派

音乐风格与流派的形成受到地域、文化、时代及作曲家的多重影响，是音乐多样性的重要体现。音乐风格与流派是音乐文化的重要组成部分，教师要鼓励学生通过内在感受来体验不同音乐风格带来的独特感受，通过对不同风格与流派的学习与评价，学生能够对音乐历史与音乐文化有更深刻的理解。音乐风格评价涉及古典音乐、民族音乐和流行音乐等不同风格的认知与分析。教师考查学生对这些风格特征的理解，是为了评估他们对音乐文化多样性的接受与认知能力。在流派评价中，更加注重考查学生对音乐发展历程的理解与分析能力。通过学习不同流派的音乐特点，学生能够深入了解音乐的历史演变与文化背景。而在实际音乐学习中，他们也能加深对音乐作品的理解与表达。

### 3. 音乐体裁

从小学到中学，学生对音乐体裁的理解和应用是逐渐深入的。小学阶段的学习重点是引导学生通过哼唱和律动来感受不同的音乐体裁。教师评价的重点是学生能否根据音乐的特点进行基本的音乐活动，如律动匹配和简单的哼唱。中学阶段则更加强调学生对不同音乐体裁的认知和表达能力，评价标准包括学生对音乐作品的聆听、记忆及其能够区分不同音乐形式的能力。

### 4. 音乐与相关文化

音乐与文化、历史、社会等多方面密切相关，音乐教学评价中的文化部分通过对音乐与多元文化、音乐与其他艺术的关联进行考查，帮助学生在音乐学习中形成更为广阔的文化视野。

（1）音乐与多元文化。多元文化背景下的音乐学习有助于学生理解不同文化的艺术表达方式。在音乐教学评价中，教师可以通过对不同文化音乐的评价，帮助学生在多元文化中找到音乐的共性与差异，提高他们的文化包容性与审美能力，使学生在音乐学习中拓宽视野，增强他们对世界文化的理解与尊重。

（2）音乐与其他艺术。音乐与舞蹈、戏剧、视觉艺术等其他艺术形式之间存在着密切的联系。通过对音乐与其他艺术关系的评价，教师能够帮助学生在不同艺术形式的交汇中寻找灵感，提高他们的艺术综合素养。评价方式可以选择音乐会、戏剧表演、音乐绘画等多种形式进行。学生在多元艺术环境中能够更加全面地发展自己的艺术能力与审美意识。

## （二）实践环节评价

在中小学音乐教育中，实践环节评价是至关重要的，它直接关系学生音乐技能的实际应用与发展。这一环节主要涉及识谱能力、歌唱能力和演奏能力的培养与评估。

### 1. 识谱能力

识谱能力是学生音乐学习的基础，它不仅关系到学生对音乐作品的理解力和表现力，还直接影响其音乐创作和演奏的能力。当前的音乐课程标准强调了识谱能力的培养，特别是将乐谱简化，降低学习难度，使学生能更快地掌握和应用。教师在进行识谱能力评价时主要考查学生对音符、节奏、速度、力度等音乐符号的理解与运用能力。学生的识谱能力提高，不仅能够更好地进行乐器演奏或歌唱，还能够通过对乐谱的分析与理解，提高他们对音乐作品的感知与鉴赏能力。

### 2. 歌唱能力

歌唱是音乐教学中的核心环节，它不仅能够丰富学生的审美体验，还能有效地推动学生德智体美劳全面发展。在评价歌唱能力时教师需要关注学生是否能够完整地演唱歌曲，是否能将个人情感融入歌声，使表演更具感染力。此外，教师还需评估学生对歌词内容的理解程度、对歌曲情绪和风格的把握，以及对曲速、节奏和音强的掌握，以便引导学生发展个性化的表达方式，进一步激发其音乐创造力。

### 3. 演奏能力

演奏能力的培养是音乐教学的重要组成部分，涵盖了乐器操作、技巧熟练度、音乐创造力及集体合奏等多个方面。通过对学生演奏能力的系统训练与评价，可以有效提高学生的音乐综合素质。教师需要综合考量学生的乐器掌握程度、个人表现力以及在合奏中的协作能力，帮助学生精进技艺，促进其音乐社交能力的发展。

## 二、教学评价的形式

在中小学音乐教学中，评价是一个多维度的过程，不仅涉及对教师和课程的评价，还包括对学生的全面评估。科学合理的音乐教学评价形式能够提高音乐教学的整体质量，促进学生在音乐领域的全面发展。

### （一）教师评价

教师评价是教学评价体系中的一个重要组成部分，它主要关注教师在教学过程中的教学能力、专业素养和教学效果。通过对教师的评价，能够了解教师的教学方法是否符合课程要求，教学内容是否合理组织，以在未来为教师的专业发展提供反馈与指导。

教师评价的重点在于教师的教学策略和课堂管理能力。音乐教育不同于其他学科，它强调技能与情感的结合。教师不仅需要向学生传授乐理知识和技术技巧，还要引导学生体验音乐中的情感与文化。因此，在评价教师时，不但需要考查他们在教学内容上的掌握情况，还要关注他们是否可以在课堂中激发学生的学习兴趣，调动学生的积极性，并通过互动提高学生的参与感。评价教师的教学方法和教学策略能够了解教师在实际教学中的表现，特别是如何因材施教以及如何在音乐教学中结合理论与实践。通过对教师评价结果的分析，可以为教师提供有针对性的培训和指导，帮助他们改进教学方法，提升课堂效果。教师评价的另一个重要方面是教师的专业发展。音乐教学要求教师不断提升自己的专业素养，保持对音乐发展的敏感度。因此，教师评价还应考查教师是否能够通过持续学习提升自身能力，是否能够结合最新的音乐教学理念与方法，是否能够及时更新教学内容和策略。教师评价可以激励教师不断追求专业成长，并为学生提供更高质量的音乐教育。

## （二）课程评价

课程评价是教学评价中不可或缺的一部分，它关注音乐课程的设计、实施以及对学生的影响。课程评价可以帮助教师反思课程的合理性与有效性，了解课程内容是否符合学生的学习需求和发展目标。课程评价主要关注课程的目标设置和实施效果。音乐课程的设计应当以学生的全面发展为核心，既要注重技能的培养，也要关注学生的审美能力、文化理解与情感体验。通过对课程目标的评价，教师可以了解课程是否能够有效促进学生的音乐能力发展，是否在教学中实现了预期的教育目标。课程评价中一个重要的评价维度是课程内容的合理性与丰富性。音乐课程是技术训练的场所，也是培养学生音乐文化素养与艺术感知力的载体。因此，课程内容应涵盖音乐的表现要素、风格流派、音乐文化等多方面，以使学生在不同音乐类型的学习中拓宽视野。通过对课程内容的评价，教师可以确保课程设计具有多样性与层次性，满足不同年龄段学生的学习需求。

课程实施效果的评价能够帮助教师了解学生在课程学习中的实际进展。评价应包括学生的课堂表现、学习成果以及对音乐的理解与表达。教师可以根据评价结果，调整课程内容、教学节奏以及学习方式，确保每一位学生在课程中都能够取得良好的学习体验和进步。

## （三）学生评价

学生评价是音乐教学评价的核心，它直接反映了学生的学习成果和个人成长。学生评价要关注学生在音乐学习中的认知水平、艺术实践能力以及审美情感与学习情感等多个方面。

### 1. 认知水平

音乐学习的认知水平评价主要考查学生对乐理、曲式、音乐历史与文化等音乐理论知识的掌握情况。通过认知水平的评价，教师可以了解学生在音乐知识体系中的进展，是否能够理解音乐作品的结构与表现方式，以及是否能够在音乐学习中运用这些理论知识进行分析与表达。认知水平评价是对学生音乐知识的简单记忆考核，也包括他们对音乐的理解能力与思维深度。教师可以通过问题解答、音乐作品分析、课堂讨论等方式考查学生是否能够在音乐学习中进行批判性思考，是否能够根据所学理论分析音乐作品的情感表达与文化背景。认知能力的培养能够帮助学生在音乐学习中形成深层次的理解，也为他们未来的艺术发展奠定基础。

### 2. 艺术实践能力

艺术实践能力是学生在音乐学习中技能层面的具体表现，关于艺术实践能力的评价内容包括识谱、歌唱、演奏等方面。识谱能力的评价可以让教师了解学生的技能掌握情况，评估学生在实际表演中的音乐表现力与技术水平。在歌唱能力评价中，教师需要关注学生的音准、节奏感、情感表达以及舞台表现力等多方面内容。教师还要了解学生是否能够将音乐中的情感内涵传达出来，是否具备良好的舞台自信与表现力。通过演奏能力评价，教师能够了解学生在不同乐器上的表现，评估他们是否具备独立表演音乐作品的能力，是否能够在演奏中运用不同的音乐技巧来表达音乐情感。演奏能力体现了学生的技术水平，也反映了他们对音乐作品的理解与再现能力。

### 3. 审美情感与学习情感

审美情感评价主要考查学生在音乐学习中对艺术的感受与体验，评估他们是否能够在音乐中找到情感共鸣，是否能够通过音乐作品体验到艺术的美感与内涵。审美情感的评价通常是评价学生对音乐作品的鉴赏能力与情感表达能力的高低。教师主要通过音乐作品的讨论、音乐会的参与、个人创作等方式了解学生在音乐学习中如何感知与表达音乐作品中的情感与思想。这种情感的培养有助于学生在音乐学习中形成更深层次的艺术感受，还能够帮助学生在日常生活中培养对美的追求与欣赏。

学习情感的评价则涉及学生在音乐学习中的态度、动机与兴趣。通过对学习情感的评价，教师能够了解学生在音乐学习中的投入程度，如是否能够积极参与到音乐活动中，是否对音乐学习保持浓厚的兴趣与热情等。学习情感的培养能够对学生的音乐学习效果产生重要影响，还关系到他们在整个学习过程中的持续发展。

# 第三节　中小学音乐教学评价的创新发展

传统的教学评价方法在一定程度上能反映学生的学习成果，但随着教育理念的进步、技术的发展，教学评价需要不断创新，以适应新时代的教育目标。尤其是在音乐教育领域，教学评价的创新尤为重要，它重视对技能和知识的评估，更强调情感表达、艺术创造力、文化认知的全面考查。

## 一、教学评价创新发展的必要性

教学评价的创新发展源于教育理念、教学目标以及社会需求的转变。在现代教育体系中，单纯的成绩评价已经不能全面反映学生的学习情况与学习能力。教育更加注重培养学生的创造性、问题解决能力、团队合作精神以及综合素质，这些综合能力在音乐教育中体现得尤为明显。传统的评价方法往往关注学生在表演、技巧方面的表现，可能会忽略学生的情感体验、艺术修养和个性化发展。随着多元文化教育理念的普及，音乐教学评价需要更加多样化、灵活化，以适应不同背景的学生的学习需求。这就要求教师在设计评价体系时不但要考虑学生的音乐技能，还要考虑学生的兴趣、学习风格和个人特点，将这些方面相结合后形成针对性强的评价方案。

人工智能、大数据分析、在线学习平台等现代信息技术为教师提供了更多维度的评价工具，帮助教师更加精准地了解学生的学习进展与问题。这些新技术的应用能够提高教学评价的效率，也使评价过程更加客观、公正，减少了人为因素带来的偏差。

## 二、教学评价的创新方法

在对教学评价进行创新时，可以从多个层面入手，具体包括评价方式的多样化、评价维度的拓展、评价工具的技术化以及评价反馈的及时性和个性化等。

### （一）评价方式的多样化

多种方式的评价可以让学生在不同的情境下展示他们的音乐理解与技能，也能够让教师更加全面地了解学生的学习状态与能力。评价方式的多样化体现在以下几个方面。

1. 形成性评价与终结性评价相结合

形成性评价是一种过程性评价，它在教学过程中持续进行，关注学生在学习中的表现与进步，及时发现并解决问题；终结性评价则是在教学阶段结束后，对学习成果进行全面评估。这两种评价方式的结合能够让教师了解学生的日常学习状态。音乐教育中的形成性评价尤为重要。音乐学习是一个长期积累的过程，学生的技能提高、情感表达与艺术感知能力需要在不断的实践中得以强化。因此，教师可以通过课堂表现、排练情况、音乐创作等方式对学生的学习进展进行持续跟踪，并给予及时反馈，帮助他们调整学习策略。终结性评价则可以通过音乐会表演、音乐理论考试等方式，考查学生在某个学习阶段的成果，还可以通过期末或阶段性考试对学生的整体学习效果进行总结。这两种评价方式的有机结合，既可以让学生在学习过程中获得及时的指导与反馈，又可以让学生看到自己阶段性的成长与提高。

2. 定性评价与定量评价相结合

定性评价注重对学生音乐学习过程的描述性评估，强调学生在艺术表现、情感表达等方面的个性化表现；定量评价则通过具体的评分或分数，对学生的技能水平、技术掌握情况进行量化评估。在音乐教育中，定量评价主要用于评估学生的演奏技巧、音准、节奏等可量化的技能指标。通过量化的方式，教师可以直观地看到学生的进步与不足，并根据具体数据进行有针对性的指导。定性评价则侧重于学生在音乐作品中的情感表达、创造性思维、艺术风格等难以通过分数衡量的方面。教师可以通过课堂讨论、音乐作品分析等方式，对学生的艺术感知能力和情感体验进行评估。定性评价与定量评价的结合，能够更加全面地反映学生的音乐学习情况。在实际的音乐教学中，教师既可以通过具体的评分系统量化学生的技术进步，又可以通过个性化的描述性反馈，帮助学生在情感与艺术层面不断提升。

### 3. 自评、互评及他评相结合

自评、互评及他评的结合，是促进学生自我反思、增强合作意识的重要手段。在音乐教育中，自评、互评及他评的结合能够为学生提供多角度的反馈，帮助他们更全面地了解自己的学习情况。自评是学生对自己学习过程与表现的反思与总结，学生主动参与到评价过程中，发现自身的优点与不足，培养自我管理与反思的能力。在音乐课堂中，学生可以通过回顾自己的演奏或表演，总结自己的技术进步与情感表达，明确下一步的学习方向。互评是学生之间的评价，学生在互相评价反馈后，可以从同伴的角度获得更多的建议与鼓励。在音乐小组合作或合奏练习中，互评能够促进学生之间的交流与合作，使他们在评价他人的同时，反思自己的表现。通过这种互动，学生不仅能够提高自身的艺术表达能力，还能够通过他人的视角，更好地理解音乐的多样性与表现手法。他评是教师或外部专家对学生的评价，通常具有权威性与专业性。教师的他评能够为学生提供更加系统、深入的反馈，帮助学生在技术与艺术上取得更大的进步。邀请外部专家参与评价则能够为学生提供更加多元化的视角，开阔学生的艺术视野。

### 4. 评价对象的研究与交流

评价还涉及对评价对象的深入研究与交流。教师需要了解学生的个性、兴趣、学习风格和发展需求，才能设计出针对性强、适应个体差异的评价方案。在音乐教育中，学生的学习背景、音乐风格偏好、艺术发展目标各不相同，因此，教师需要与学生进行互动交流，深入了解他们的学习需求与期望，设计更为有效的评价方案。研究评价对象的一个重要方面是了解学生的学习动态与学习环境。音乐学习不是单纯的技术训练，还涉及情感体验、文化理解等多方面的因素。教师在评价学生时应当结合他们的学习背景、文化认知与情感体验，全面考查学生的音乐学习过程与成果。通过对学生的深入了解与个性化研究，教师可以更加有针对性地设计评价方案，进而使评价过程更加贴合学生的实际需求。通过与学生的沟通，教师能够更好地理解他们的学习困惑与兴趣点，为学生提供更加个性化的指导与反馈。

### （二）评价维度的拓展

评价创新的重要内容之一是拓展评价的维度，不再局限于知识和技能的评估，而是引入更广泛的音乐学习能力和素质的评价。在进行创新教学评价时，教师需要考虑如何评估学生的综合素质和学习过程。例如，可以通过学生对音乐作品的情感表达、对不同文化音乐的理解、对音乐历史和背景的认知来全面评估他们在音乐学习中的成长和发展。通过多维度的评价，教师可以帮助学生在更深层次上理解音乐的内涵，并帮助学生在学习过程中提高他们的艺术素养与文化意识。

### （三）评价工具的技术化

技术的发展为教学评价带来了极大的创新空间。随着大数据、人工智能等技术的进步，教师可以利用智能化的评价工具对学生的学习进度、知识掌握情况进行实时追踪和反馈。例如，利用数据分析软件教师可以记录并分析学生在每次演奏中的表现，系统会根据音准、节奏、力度等参数进行综合评分，帮助教师更准确地了解学生的技术掌握情况。在线学习平台和教育应用程序的普及也为教学评价提供了更多可能性。教师可以通过这些平台实时跟踪学生的练习情况，及时提供个性化的反馈和指导。学生可以在音乐练习应用程序中录制自己的演奏或演唱，系统会根据学生的表现给予评价，教师也可以通过在线平台直接指导学生的练习过程。

### （四）评价反馈的及时性和个性化

教学评价的目的是帮助学生更好地理解和改进自己的学习过程，因此，及时、个性化的反馈尤为重要。在传统的评价体系中，教师往往在期末或学期结束时给出综合性的反馈，这种评价无法全面地指导学生的学习。创新的评价方法应该注重过程性评价，即在教学过程中通过多次、实时的反馈帮助学生及时调整学习策略，改进不足。教师可以通过课堂观察、个人辅导、线上互动等多种形式及时发现学生学习中的问题，并给予针对性的建议。例如，学生在音乐创作或演奏中遇到技术上的困难时，教师可以给予及时的个性化指导，帮助他们解决问题。这种动态的评价与反馈能够提高教学的效果，增强学生的学习动力。

## 三、教学评价创新的实际应用

创新的教学评价方法在音乐教育中有着广泛的应用前景，无论是在课堂教学中，还是在课外实践活动中，创新评价都可以为学生提供更多展示自我、提高能力的机会。以下三个实际应用的领域可以展示教学评价创新的潜力。

### （一）课堂中的综合性评价

课堂中的综合性评价不是单一的考试或测验，而是结合了表演、讨论、创作等多种评价方式。多元化的评价方式能够全面反映学生的学习成果，而不同形式的评价也可以帮助学生在实际操作中发现问题、改进不足。例如，教师可以在课堂上组织即兴创作活动，让学生根据自己对音乐的理解，即兴创作一段旋律或节奏。通过这种实践性的活动，教师可以考查学生的音乐思维与创造力，学生也能够在创作过程中提高自己的艺术表达能力。通过综合性评价，教师可以更全面地了解学生在音乐学习中的表现与进步。

### （二）技术支持下的个性化学习评价

技术的引入为个性化学习评价提供了更多的可能性。在传统的教学评价中，教师可能无法关注到每一个学生的个性化需求与学习特点。而通过在线平台和智能化工具，教师可以为每位学生提供个性化的评价与反馈。例如，一些音乐教学平台可以根据学生的练习记录与学习进度生成个性化的学习报告，并为每位学生制订专属的学习计划。教师可以通过这些报告了解每个学生的学习优势和学习难点，提供更加有针对性的辅导与评价。个性化评价不仅能够提高学生的学习效率，还可以帮助学生在音乐学习中形成自主学习的能力。

### （三）项目式学习中的评价应用

项目式学习是一种强调学生自主探索与合作学习的教学方式，尤其适合在音乐教育中应用。学生在项目式学习中参与实际的音乐创作、表演或策划，完成一个完整的音乐项目，教师则对这个项目进行综合评价。在项目式学习中，教师不仅要考查学生的音乐技术能力，还要关注他们在项目实施过程中的组织能力、团队合作精神与创造力。通过对项目实施情况的评价，教师可以了解学生在实际操作中的表现，并为他们未来的音乐学习与职业发展提供指导。

尽管创新的教学评价方法带来了诸多优势，但在实际应用中也面临一定的挑战。教师需要具备较高的专业素养与技术应用能力，这样才能灵活运用现代技术进行评价。评价标准的制定与实施也需要更加科学、合理，以确保评价的公正性与有效性。未来，教学评价的创新发展方向将进一步依赖技术的进步与教育理念的更新。随着人工智能与大数据技术的普及，个性化、智能化的评价将成为主流评价方法，教师可以通过更精准的数据分析，为每位学生提供定制化的学习评价与建议。

# 第四章

## 学生音乐听觉、情感及创造力的培养

# 第一节　音乐听觉的培养

音乐听觉水平的高低直接决定着音乐欣赏、表演、创作等能否有效进行。听觉的训练不是孤立的，必须结合唱歌、欣赏、器乐、创作等音乐活动进行，同时在训练的过程中又要进行思维能力的培养。因为音乐思维的时间性特点，音乐的变化稍纵即逝，不同于文字、绘画，可以慢慢分析，因此，音乐的听觉训练要在多听的基础上形成直觉，凭音乐的直觉思维去跟踪音乐。

## 一、音乐听觉培养的原则

音乐听觉培养的原则涵盖了一系列方法和策略，旨在通过多元化的感官体验和连续的实践来增强学生的音乐理解和表达能力。音乐听觉培养原则包括多感官协调性原则、反复性原则与趣味性原则，这些原则既是教育者的指导方针，也是学生音乐学习路径的核心内容。

### （一）多感官协调性原则

全面的艺术能力培养需要听觉、视觉、运动和言语等多种感官器官在音乐学习过程中相互配合，共同构建学生的认知和感知体系。因此，音乐听觉的训练不应局限于听力练习，而是应该通过视觉辅助、身体动作和言语表达等多种方式来全面提高学生的音乐理解和感受能力。

在音乐听觉训练中，视觉和听觉的结合尤为重要。学生在阅读乐谱时，视觉信息帮助他们理解音符和节奏，听觉则辅助他们感知音乐的旋律和和声。听觉与视觉的双重协作有助于学生在学习中建立起音乐的"内心听觉"，也就是在看谱的同时，能预先在脑海中听到旋律或和声的能力。内心听觉能力的培养不仅能够极大地提高学生的音乐演奏、创作能力，还能提高学生在表演中的自信心与准确性。

触觉也是音乐听觉训练中重要的一部分，尤其是在乐器演奏中，手指的触觉能够帮助学生感知琴键、琴弦等物理变化，进而通过触觉增强对音高和节奏的掌控。例如，钢琴演奏中的触键感受、弦乐器中的指板触觉，都可以通过物理接触提升对音乐的理解。在听觉与触觉的共同作用下，学生能够更加直观地感知音乐的细微变化，并通过这种感知强化他们的听觉敏感度。身体的运动感知在音乐听觉培养中起到辅助作用，尤其是在节奏训练中，身体的律动与音乐的时间感密切相关。学生通过身体的运动可以更加自然地感受到音乐的节奏与速度变化，进而提高节拍和节奏的准确性。

多感官协调性原则不仅能够提高学生对音乐听觉的敏感度，还能够增强他们在音乐表演中的表现力。通过多感官的综合体验，学生能够更加全面地理解音乐作品的结构、情感与表现手法，使他们在音乐的学习与实践中更加游刃有余。

### （二）反复性原则

音乐的魅力在于其可以无限重复体验而每次都可能有新的发现。因此，音乐听觉的培养需要学生在持续的重复中逐渐深化对音乐的感受和理解。这一原则的实施旨在通过不断重复的听觉练习，帮助学生加深对音乐语言的记忆和理解。

在音乐听觉的反复训练中，学生可以不断地聆听、模唱、识别旋律与和声，逐渐提高他们对音高、音色、节奏和音乐结构的感知力。反复练习不仅能够帮助学生巩固已有的知识和技能，还能强化自己的记忆力，使音乐要素在长期记忆中得以存储，并在实际演奏中可以快速调用。反复性原则在音乐听觉训练中的应用，还体现在音乐作品的反复聆听与演奏中。通过对同一首作品的多次聆听和演奏，学生能够深入体会音乐的结构与情感变化，并通过反复的体验与实践，逐步提高对音乐细节的敏感度。反复训练帮助学生在实际演奏中更加自如地表达音乐中的情感与思想，促进技术的提高和艺术感知力的深化。

### （三）趣味性原则

音乐是一门富有创造性和艺术性的学科，如果训练过程过于机械或枯燥，学生容易失去学习的动力。因此，音乐听觉的培养应尽可能通过生动、有趣的方式进行，以激发学生对音乐的兴趣与热情。为了激发学生的学习兴趣，教师可以将音乐听觉训练与游戏活动相结合，将枯燥的练习转变为富有趣味的学习体验。学生通过有趣的游戏和活动不仅能够在愉悦的氛围中提高音乐听觉技能，还能在活动中培养注意力、反应能力和团队协作能力等多方面的素质。趣味性原则还要坚持音乐风格和作品选择的多样化，教师要根据学生的兴趣选择古典音乐、流行音乐等不同风格的音乐作品进行听觉训练。通过不同音乐风格的对比与体验，学生能够从听觉上感知到音乐的多样性与丰富性。音乐风格的多样性不仅拓宽了学生的艺术视野，还增强了他们在不同音乐情境中的听觉感知能力。

## 二、音乐听觉培养的意义

音乐听觉的培养在中小学音乐教育阶段具有重要意义，它能够提高学生的音乐感知能力，对他们的音乐表现力、记忆能力、创作能力等都具有直接影响。音乐听觉培养的意义主要体现在培养综合音乐感知能力、提高视唱练耳水平、发展内心音乐听觉能力、增强音乐记忆能力四个方面。

### （一）培养综合音乐感知能力

培养综合音乐感知能力即培养"音乐的耳朵"，"所谓音乐的耳朵是指在接收到音乐音响的基本要素后对其产生综合性的感知，即体现为对其整体结构以及音乐语言的理解能力"[①]。"音乐的耳朵"不是对音乐元素的机械识别，它强调的是对音乐的整体感知与理解能力。学生进行长期的旋律听觉、和声听觉、节奏感等多种技能的培养后，能够更快速、准确地分辨出音乐中的细微差异，并通过耳朵感知到音乐中的情感和意图。"音乐的耳朵"是音乐学习的基础，学生可以获得更多关于音乐作品的直觉性认知，理解作品中的情感表达与结构变化，更好地在演奏或创作中展现这些内容。

在日常训练中，学生可以使用听音、模唱等方式，逐步建立对音高的精确感知能力。音高的敏感度直接影响学生的音乐表现力，无论是在独唱、合唱还是乐器演奏中，准确的音高感知是保证音乐质量的重要因素。通过音程的听觉训练，学生在旋律和和声中可以迅速辨别出不同音程之间的关系，进而在表演和创作中使用这些音程来增强音乐的表现力。

---

① 陈思桥.论幼儿音乐听觉训练的意义及策略[J].北方音乐，2014（6）：115.

音乐中的节奏不仅是技术层面的要求，更是音乐情感表达的重要载体。学生经过节奏听觉训练后能够在不同节奏型中找到音乐的律动感，更加准确地表达音乐的节奏和情感变化。演奏和创作中节奏感知能力帮助学生掌握音乐的时间结构，控制音乐的流动性和表达张力。培养音乐听觉的同时能使学生在音乐学习中建立起更强的自我反馈机制。良好的听觉能力可以使学生在演奏或歌唱时利用耳朵进行自我监控，及时发现音准、节奏或音乐表现上的问题并迅速进行调整，这大大提升了学生的自主学习能力，使学生在音乐学习中更加自信和独立。

### （二）提高视唱练耳水平

音乐听觉的培养能够有效促进视唱练耳的整体水平提升，帮助学生在更复杂的音乐环境中应对自如。视唱练耳训练的核心目标是让学生能够在看到乐谱时，通过耳朵直接感知并唱出或演奏出乐谱中的旋律与节奏。听觉能力在这一过程中至关重要，学生需要通过耳朵感知到乐谱中的音高变化、节奏模式，并在脑海中迅速形成内在的音乐映像。通过听觉的引导，视唱练耳训练变得更加顺畅和准确，学生能够快速转换视谱中的符号信息为音乐表达。在多声部音乐中，学生需要迅速感知和声的层次感，并在演奏或歌唱中准确地表现出各个声部的音高与节奏关系。经过和声听觉训练后，学生要能够在听到和声时迅速分析出和弦结构，并理解和弦之间的转接与关系，这样做不仅可以帮助学生在合奏或合唱中更加准确地参与音乐表达，还可以提高他们对音乐作品的整体理解力。

### （三）发展内心音乐听觉能力

内心听觉能力是学生在音乐学习过程中需要重点培养的能力，它使学生在缺乏外部音乐刺激的情况下，仍能在脑海中准确地再现音乐旋律与和声，进行复杂的音乐构造与想象。内心听觉能力是音乐学习中一个重要的高级技能，它不仅能够帮助学生在视唱练耳时更好地掌握乐谱中的旋律与和声，还能够提高他们在创作和演奏中的自主性和艺术表现力。在没有外部音乐的情况下，学生需要通过内心听觉，在脑海中"听到"音乐的旋律、和声和节奏，并能够对其进行分析与处理。

培养内心听觉能力的关键在于帮助学生通过长期的听觉训练逐步形成对音乐的深层次理解与记忆能力。内心听觉能力的培养有助于学生在音乐表演和创作中更加自如地进行音乐表达，并通过内心的预判和感知，提前感受到音乐的发展方向和情感变化。内心听觉能力的培养不仅能够提高学生的音乐理解力，还能够增强他们的音乐创作能力。在音乐创作中，学生需要通过内心听觉来构思旋律、和声与节奏的组合，并在脑海中不断进行调整和优化。

具备强内心听觉能力的学生往往能够在创作过程中快速捕捉到音乐的灵感，并能够通过内心听觉的反馈及时调整音乐的走向和结构。在音乐表演的应用中，学生通过内心听觉，在演奏之前就预判到音乐的走向，提前准备好技术上的处理与情感表达。提前预判的能力能够帮助学生在复杂的音乐表演中保持稳定的表现力，并在音乐的起承转合中更加自如地处理音乐的情感变化与技巧需求。

### （四）增强音乐记忆能力

音乐记忆是理解和感知音乐不可或缺的能力，强大的音乐记忆能力使学生在无须外部辅助的情况下，就能准确无误地回忆出旋律的走向、和声的处理、曲式的布局等音乐作品的详细信息。

音乐记忆能力的提高依赖听觉训练中的重复性与深度感知。学生在听觉训练中要进行反复的聆听和模唱，这样便能逐步加深对音乐旋律、和声和节奏的印象，进而在脑海中建立起完整的音乐记忆链条。听觉建立的记忆不仅能够帮助学生在学习新作品时更加快速地记忆乐谱，还能够在表演中减少对乐谱的依赖，提高学生脱稿表演的能力。音乐记忆能力的提高还体现在对音乐作品的结构性理解上。经过听觉训练的学生可以更好地理解音乐作品的整体结构和层次感，并通过这种结构性记忆来组织音乐信息。音乐记忆不是简单的旋律或和声记忆，它还包括对音乐形式、发展方向、情感变化等多个层面的感知与记忆。听觉训练可以令学生在头脑中形成完整的音乐作品蓝图，并在表演和创作中准确地表达这一蓝图。

## 三、音乐听觉培养的主要内容

音乐听觉培养在音乐学习过程中有至关重要的作用，它通过系统的训练帮助学生提升对旋律、和声、节奏等音乐元素的感知能力。根据音乐的不同表现形式，音乐听觉的培养可以分为单声部听觉训练和多声部听觉训练两个主要方向，如图4-1所示。

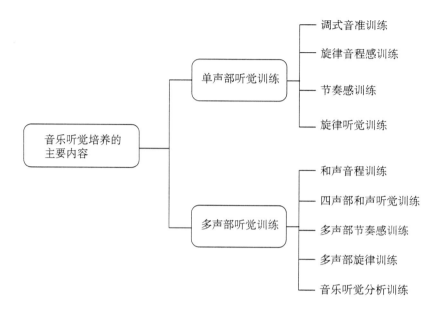

图 4-1　音乐听觉培养的主要内容

### （一）单声部听觉训练

音乐听觉的培养是音乐教育中不可或缺的内容，其中单声部听觉训练尤为关键，它包括调式音准训练、旋律音程感训练、节奏感训练和旋律听觉训练四个基本组成部分，每个部分都在学生的音乐感知和表现能力培养中起着不可替代的作用。

### 1.调式音准训练

调式音准训练关注培养学生对音高的精确感知，这是音乐基础教育的核心内容。在音乐的早期学习阶段，尤其是儿童时期，是形成音高感知能力的关键时期。通过系统的训练，学生可以发展对音高的绝对和相对感知能力。调式音准的教育要涵盖现代音乐中的多样化音高结构，以更好地适应当代音乐教育的需要，帮助学生建立一个稳定而准确的音高结构认知，使他们在任何音乐情境中可以准确地判断和再现音高，更好地理解音乐作品中的情感变化和调性变化。

### 2.旋律音程感训练

旋律音程感训练主要帮助学生培养对不同音程关系的敏感度，音程是旋律的基本构成元素，也是音乐情感表达的重要载体。在旋律音程感训练中，学生需要进行反复的听觉训练，从而学会辨别不同音程的音高变化，准确感知音程之间的情感张力与和谐度。通过对音程的训练，学生可以在音乐创作和表演中更加自如地运用音程来表现音乐中的情感变化与旋律走向。音程感训练可以结合视唱练耳训练进行，视觉和听觉的协作可以提高对音程的感知能力。演奏或歌唱中准确的音程感知不仅有助于提高演奏的技术水平，还能够帮助学生更好地控制音乐的情感表达与结构变化。学生通过长期的音程训练，能够在脑海中建立起对不同音程的听觉印象，并在音乐实践中熟练运用这些音程来表现音乐作品的内涵。

### 3.节奏感训练

节奏指各种长短相同或相异的时间单位有组织地进行序列，其中包括强弱的因素在内。单声部节奏感训练能够帮助学生掌握音乐中的时间结构和节拍变化。学生通过不同节奏型的训练，学会控制和感知节奏的变化，在实际演奏中便能够保持稳定的节拍感。节奏感训练往往结合肢体律动和打击乐器进行。学生通过身体的动作来感知节奏的律动，并通过打拍子等方式建立起对节拍的控制力。单声部节奏感的训练可以令学生在演奏中准确把握音乐的时间结构，通过节奏的变化来表现音乐的情感和张力。

### 4.旋律听觉训练

旋律是音乐的灵魂，单声部旋律听觉训练强调对旋律线的感知和记忆。学生进行旋律听觉训练主要是学习如何从一连串的音符中捕捉和再现音乐的旋律线，进而理解和表达音乐作品的情感和风格。旋律听觉训练包括多种听辨练习、旋律复唱和创作活动，这些活动帮助学生深入理解旋律的结构特点，进而独立进行音乐创作和表现。

## （二）多声部听觉训练

多声部听觉训练是音乐学习中的高级阶段，帮助学生培养对多声部音乐结构的理解与感知能力。在多声部音乐中，学生不仅需要感知每个声部的旋律和节奏，还需要掌握不同声部之间的协调与对比关系。多声部听觉训练可分为和声音程训练、四声部和声听觉训练、多声部节奏感训练、多声部旋律训练和音乐听觉分析训练五个方面。

### 1.和声音程训练

和声音程训练是为了加强学生对音程和和弦的识别能力，它是理解和分析多声部音乐作品的基础。和声音程训练从最基础的二度音程开始，逐步拓展至三和弦的各种转位、七和弦等更复杂的和弦结构。学生在听辨过程中首先学习识别单个音程，再逐步过渡到复杂和弦的辨识。每种音程与和弦都有其独特的音乐色彩和情感表达，如大三度的明亮与小三度的柔和。和声音程训练主要是对音高的识别及对音程和和弦色彩性的感知。教师可以根据学生的听觉基础和特点，综合运用固定调和首调训练的方法，有针对性地对学生进行训练，以加深学生对和声音乐的整体感知。

### 2.四声部和声听觉训练

四声部和声训练是音乐听觉训练的高级阶段，旨在培养学生对复杂音乐纹理的听辨能力，尤其适用于多声部音乐。这种训练的内容从简单的三和弦到复杂的七和弦以及它们的各种转位。在四声部和声听觉训练过程中，学生需要用耳朵去感知每个声部的独立性与协调性，并在多声部的听觉背景下，清晰地辨别出各个声部的走向与变化，了解和声进程中的逻辑和美学要求。学生使用实践和理论相结合的方法，在掌握和声学理论的同时通过声部构唱和听辨活动，去深入理解和声效果和功能。四声部和声听觉训练包括传统的和声练习，以及离调和转调的处理等调式内外的和声。学生在实际音乐环境中准确运用和声知识，可以增强他们在音乐表演中的协调能力与音乐表现力。

### 3.多声部节奏感训练

节奏感是指领悟音乐中音符时间关系的基本能力。它包括组织、体验和再现这种时间关系的直觉。多声部节奏感训练的核心在于培养学生准确感受和表现多层次的节奏结构。多声部节奏感训练通常从基础的二声部起步，逐渐引入三声部和四声部的复杂节奏，涵盖从简单到复杂的各种节奏模式。具体的训练方法包括体态律动等动态活动，让学生通过肢体动作学习节奏的准确把握和表达。例如，通过手脚的同步运动来模拟不同声部的节奏提升身体协调性，加强对复杂节奏的感知和理解。分声部的集体练习也是常用的训练方法。小组合作使学生在保持个人节奏的同时，还需要与其他声部进行有效的配合和呼应，这样可以有效培养学生的团队协作能力和音乐集体表现力。

### 4.多声部旋律训练

多声部音乐结构中的旋律训练同样重要。通过分析和练习二声部、三声部及四声部旋律，学生能够独立识别和理解每个声部的旋律线条。多声部旋律训练侧重提高学生对旋律的感知力和表达力，尤其是在对位音乐中，学生需要把握每个声部的旋律走向及其与其他声部的关系。学生通过旋律练耳能够辨识不同旋律之间的对比、补充、和谐及冲突等关系，进而深入理解复调音乐的艺术魅力和技术复杂性，最终可以更加自如地处理不同声部之间的协调和对比关系。

5. 音乐听觉分析训练

音乐听觉分析涉及从感性的聆听到理性的分析，要求学生不仅要在听觉上识别音乐要素，还要能够理解和分析这些要素在音乐作品中如何发挥作用。例如，在四声部和声训练中，学生通过分析和声的功能进展、和声效果以及终止式的构造，能够更加准确地理解和掌握和声音乐的内在逻辑。音乐听觉分析训练能够帮助学生建立起对音乐结构的深刻理解，提高他们的音乐创作和表现能力。音乐听觉分析训练可以让学生在演奏和创作中更加自如地处理音乐结构与情感表达，而对音乐作品的深入分析可以提高他们的音乐理解力与表现力。音乐听觉分析还能够帮助学生在创作中更加合理地运用音乐元素进行作品的结构化处理，使他们的音乐创作更加系统和有条理。

## 四、音乐听觉培养的具体方法

科学的训练方法可以让学生提高对音高、节奏、和声等音乐元素的感知能力，增强学生在音乐表演、创作中的艺术表现力。音乐听觉培养的具体方法涵盖多方面的内容，以下是一些行之有效的音乐听觉培养的具体方法。

## （一）视唱练耳结合的训练方法

在视唱练耳训练中，学生会受到视觉与听觉的双重刺激，从而逐步建立对音高、旋律、和声等音乐要素的感知能力。教师可以利用视唱练耳结合的方式帮助学生更好地理解音乐中的音高变化、节奏模式以及旋律线条。具体来说，视唱练耳训练有以下方式：第一，学生在阅读乐谱时，唱出旋律的音高与节奏，同时通过听觉进行自我反馈，感知音准的正确性与节奏的稳固性；第二，让学生反复听取旋律片段，并使用视谱模唱的方式，进一步强化对旋律线条的听觉感知；第三，模唱不同音程和和声，在听觉中逐步建立起对和声结构的理解，并在音乐作品中清晰辨别各个声部的和谐性与对比性。

## （二）听音模唱训练

听音模唱是音乐听觉训练中直接有效的方法之一，即模仿听到的旋律或和声。学生在反复的模唱练习中可以逐步提升音准感和旋律感。听音模唱能够帮助学生强化对音高与音程的感知，反复的模仿练习逐渐提高学生的听觉反应速度与准确性。听音模唱训练有以下几个步骤：第一步，听钢琴或其他乐器演奏旋律或和声片段，学生去模唱这些旋律；第二步，逐步增加旋律片段的复杂性，让学生在模唱中应对越来越多的音程跳跃与复杂节奏；第三步，在和声模唱训练中，学生可以通过分声部模唱和声中的不同旋律线条，逐渐建立对和声层次的听觉敏感度。

## （三）肢体律动结合节奏训练

节奏感是音乐表现中的关键要素之一。通过肢体律动结合的节奏训练，学生能够在身体运动中感知音乐的节奏律动，并在肢体的协调作用下，增强对节奏型的控制与把握。这种训练方法强调通过身体动作来感知节奏，使学生在实际表演中更加准确地掌握音乐的时间结构。在肢体律动结合节奏训练过程中，教师要带领学生做拍手、跺脚等简单动作来感知节奏的律动感，从最基本的节拍开始，逐步增加节奏的复杂性。学生配合音乐中的不同节奏型进行身体律动训练，在不同节奏变化中保持稳定的时间感与节拍感。此外，还可以通过分声部进行不同节奏型的律动练习，帮助学生建立对多声部音乐节奏对比与协调的听觉感知。

肢体律动结合节奏训练能够提升学生的节奏感知力，身体的参与增强了学生对音乐时间结构的直觉感知，从而在实际演奏中更加自如地控制音乐的节奏变化。

### （四）旋律与和声听觉的分段训练

音乐作品中的旋律和和声往往是多层次且复杂的，为了帮助学生更加深入地掌握这些音乐元素，教师可以采用分段练习的方式进行训练。在旋律与和声的分段训练中，学生先逐步掌握单一声部或简单旋律，再逐渐进入复杂的和声结构，最终形成对整体音乐作品的听觉感知。教师可以先选取简单的旋律片段，帮助学生通过听觉捕捉旋律线条中的音高变化与节奏模式。当学生掌握了单一旋律后，教师可再逐步引入和声片段，让学生在听觉上逐渐感知和声中的不同音程与声部的层次变化。多声部合唱或合奏的方式可以让学生在多声部的音乐背景下，感知旋律与和声之间的互动关系。旋律与和声听觉的分段训练能够帮助学生更好地掌握音乐中的旋律与和声，这种渐进式的训练方式还能提高学生对复杂音乐结构的整体感知力与表现力。

### （五）即兴演奏与听觉训练的结合

即兴演奏训练是培养音乐听觉的重要手段之一。通过即兴演奏，学生能够在自由的音乐创作中运用听觉感知到的旋律、和声与节奏进行艺术表达。即兴演奏与听觉训练结合的训练方式可以很大地提高学生的音乐表现力，其做出的听觉反馈还能帮助学生在演奏中更好地控制音高、和声和节奏的变化。教师可以让学生在既定的旋律框架下进行即兴创作，鼓励他们通过听觉捕捉到音乐中的旋律走向与和声变化，并自由发挥表达这些音乐元素。学生在即兴演奏过程中需要采用听觉来判断自己演奏的音高和节奏是否与音乐背景相协调，并通过听觉反馈不断调整自己的演奏。即兴训练不仅促进了学生音乐听觉能力的提高，增强了他们在音乐创作中的灵感与创作力，还能做出即时的听觉反应来提高学生的音乐表现的自由度与创造性。

即兴演奏与听觉训练的结合能够增强学生的音乐感知能力，而创造性的活动还能增强学生的艺术自信心，提高他们的音乐表现力，使他们在音乐学习中更加自如地运用听觉感知进行艺术创作。

## 第二节　音乐情感的培养

情感作为音乐的灵魂，是音乐作品打动人心的重要因素。音乐情感培养是中小学音乐教育的重要环节，对音乐要素的深层次理解，可以感知音乐所传达的情感，将这些情感融入音乐表演与创作中后又可以增强学生的情感敏感度、提高学生的审美能力。

## 一、音乐要素的情感表现

音乐要素的情感表现是音乐情感传达的核心，由旋律、节奏、节拍、速度与力度、音色与调式、和声等多种元素组合，组成的音乐能够传递和表达情感。各音乐要素在情感表达中的作用如下所述。

### （一）旋律的情感作用

旋律是音乐中传达情感的直接和强有力的工具，它如同人的语言，能直接触及听者的心灵。旋律的变化和组合方式直接影响音乐的情感走向，形成独特的情绪氛围。以下是几种常见的旋律构成方式及其情感影响。

（1）上行旋律。即音符从低到高逐渐升高，常见于表达情感的积极上升，如期待、兴奋或者胜利的情绪，给人以力量感和向上推动的动力，常用于激励或战胜困难的场景。

（2）下行旋律。与上行旋律相反，下行旋律从高到低，往往用来表达悲伤、沉思或放松的情绪。这种旋律流畅而平缓，给人以落叶归根的感觉，常见于哀悼或者反思的音乐场合。

（3）同度进行。同度进行是旋律中非常稳定的形式，音高变化不大，给人以安定和平和的感觉。在某些冥想音乐中，同度进行常被用来帮助听者达到心灵的平静和精神的集中。

（4）级进旋律。级进是一种平缓的旋律上升或下降方式，通常不包含跳跃，给人以连续和安稳的感觉，适合表达平静、温和的情绪，如轻柔的风景描绘或淡淡的怀旧情绪。

（5）跳进旋律。跳进是旋律中包含较大跳跃的音程变化，可以是三度以上的跳跃。小跳能够带来轻快和愉悦的感觉，适合表达欢快的情绪；

大跳则能够带来震撼和激动的效果，常用于表达突发的情感或强烈的情绪变化。

（6）波浪式进行。波浪式进行是旋律中上升与下降如波浪般起伏交替进行，富有动感，能够有效地表达情感的波动和复杂性，如激情、冲突或者戏剧性的场景。这种旋律赋予音乐流动性和变化性，使音乐作品具有更丰富的情感层次和深度。

在音乐中运用以上各种旋律，能够有效地传达和增强特定的情感表达，使听者在音乐的引导下体验到作者想要传递的情感深度和艺术世界。细腻而多变的旋律组合可以构建出一个丰富多彩的情感宇宙，让每位听者都能在其中找到共鸣。

### （二）节奏的情感作用

#### 1.节奏的种类

节奏是音乐的"脉搏"，音的长短变化能够表达出不同的情感。节奏的种类丰富多样，根据其不同的时间长度和结构形式，可以传达不同的情感体验。

（1）长时值的节奏与短时值的节奏。长时值的节奏常用于表现宽广、庄重、稳定的情感。这类节奏的延展性较强，能够营造出悠长、深邃的情感氛围，常见于表现崇高情感或歌颂性内容的音乐作品中。长时值的节奏拥有舒展的节奏线条，给予听者一种平静、安详的感受。短时值的节奏则以紧凑的节奏结构传达欢快或紧张的情感，迅速推动音乐的发展，产生急促而富有动力的情感效果，适用于描绘活泼、轻快甚至焦虑的场景。

（2）规整性的节奏与自由性的节奏。规整性的节奏是指节奏具有规则性、对称性，表现稳固和有力的情感，给人一种秩序感，常用于表达坚定、决绝的情绪。规整性的节奏结构使音乐具有可预测性，能够传达一种权威和自信的情感氛围。自由性的节奏不受固定时间单位的限制，表现灵活多变，能够表达更为自由的情感。自由性的节奏形式常用于追求情感随意流动的音乐场景，能够为音乐的情感表达带来更大的空间和自由度。

（3）切分节奏。切分节奏是改变了原有的节拍强弱关系的节奏，使音乐表现出与传统节奏不同的跳跃性和独特感。这种节奏常用于增强音乐的动感和表现力，尤其在需要突出某些节拍时能够产生意想不到的效果，赋予音乐更多的活力和新鲜感。

（4）休止。休止在音乐中有时比声音本身更有力，形成了一种"无声胜有声"的情感表达方式。这种节奏能够在音乐的空隙中产生悬念和张力，帮助音乐在情感上达到更深层次的表达。

2. 节奏的演变

在音乐文化的发展过程中，节奏作为音乐的一部分经历了不断的演变，在情感表现上的功能也越来越丰富。古典主义时期的音乐节奏通常规整，节奏结构以偶数为基础，展现了宏大和工整的风格。这一时期的音乐多为贵族和宫廷服务，节奏较为稳定，常用的节奏变化手法，如切分节奏也仅起到点缀作用，整体节奏较为简单。随着浪漫主义时期的到来，音乐开始面向民众，节奏的运用也变得更加多样化，极大地拓宽了音乐情感的表现范围。这个时期的节奏自由性得到增强，音乐开始表达更多样化的情感，各种作品中也可以感受到更丰富的节奏变化。进入现代，爵士乐对节奏的运用达到新的高度，打破了传统的旋律中心地位，将节奏作为主导元素之一。摇滚乐更进一步将节奏推至前台，成为其显著的特征。强烈的节奏感和多变的节奏型为摇滚音乐注入了强大的动感，带来了前所未有的情感冲击。

### （三）节拍的情感作用

节拍是音乐的基本框架，它规定了音乐的时间结构，并通过有规律的强弱拍产生律动感。节拍在情感表达中具有不可忽视的作用，不同的节拍模式会对音乐的情感色彩产生不同的影响，如单拍子节拍常带有直接、简洁的情感表达，复拍子节拍则往往赋予音乐更为复杂的情感层次。不同行进感的节拍模式能引导听者的情感方向。如三拍子的节拍给人一种舞蹈的律动感，常常与优雅、轻盈的情感相关联；四拍子则因其稳定性，更容易传达力量和稳重感。此外，节拍的加重或减弱、延长或缩短都会影响音乐的整体情感氛围。通过改变节拍模式，音乐可以从一种情感状态过渡到另一种状态，产生情感上的深刻转变。

### （四）速度与力度的情感作用

音乐的速度直接影响情感的节奏感和紧张感。例如，快节奏的音乐往往带来活力、激情和紧张的情绪；慢节奏的音乐则传达出沉思、抒情或庄重的情感氛围。速度的加快或减慢能够立即改变音乐的情感色调，带来情感上的急促感或舒缓感。音乐的力度则通过对音量的控制塑造音乐的情感强度：强音的使用可以传达出力量、愤怒或极度的激情，弱音则通常与温柔、沉静或内敛的情感相关。力度的变化是情感表达的重要手段，通过逐渐增强或减弱音乐的力度，能够引导听众情感上的逐步升级或平缓过渡。速度的突然变化加上力度的强弱对比能够瞬间调动听众的情感，使他们在情感的不同层次之间迅速切换。速度与力度的细致控制是音乐情感表现中最具戏剧性和张力的部分。

## （五）音色的情感作用

音色是连接音乐与听者情感的桥梁。不同的乐器和人声具有不同的音色特性，这些特性使它们在表达特定情感时各有千秋。例如，小提琴的音色富有表现力，非常适合演绎抒情和温柔的旋律；铜管乐器的音色雄壮，常用于表现力量和激情，在表现战争场景的音乐中尤为突出。

## （六）调式的情感作用

调式在音乐中扮演着塑造情感氛围的关键角色。调式是音乐的基础架构，也是情感传达的载体。大调和小调作为最常见的两种调式，各自都有不同的情感色彩：大调式以其明亮和阳光的特质，常用来表达乐观、开朗和英雄主义的情感，如歌曲《我爱你，中国》就是采用大调式，其明亮的旋律传递了强烈的爱国情感；小调式通常与忧伤、内省或神秘相关，如《天鹅湖》就使用小调式来表现主人公命运的悲伤。

从小调到大调的调式的变化通常象征从阴郁到光明的情感转变，能够为音乐作品增添戏剧性和深度。

## （七）和声的情感作用

和声是多声部音乐的核心，由多个音符组合形成和弦，对音乐的情感表现有着极大的影响。和声的进行方式、和弦的选择以及和声的复杂程度都决定了音乐所传达的情感信息。例如，稳定的和声进行通常带来宁静、安定的情感，而不稳定的和声进行会制造出紧张、期待等情感效果。和声的突然变化能够打破听众的情感预期，激发出更为强烈的情感变化。和声的层次变化能够使音乐在不同的情感状态之间自由转换，为听众创造丰富的情感体验。

## 二、音乐情感的特征

音乐的情感表达具有一定的规律性，这使得音乐能够在特定的情境下以特定的方式唤起情感反应。音乐情感的特征主要体现在典型性、概括性和易感性三个方面。

### （一）典型性

音乐情感的典型性体现在它能够通过特定的音乐元素和表现形式传递明确的情感信息。这种典型性并非偶然，而是建立在音乐的旋律、节奏、和声、音色等要素之上，音乐中的情感模式具有一定的普遍性和可预见性，可以使听众在不同的文化背景下识别和理解音乐所传达的情感内容。

音乐的典型性使某些情感表达形式成为音乐文化中的固定符号。在不同风格的音乐中，特定的和声或旋律走向经常传达出相似的情感。例如，抒情性旋律的延展常常让人联想到柔情或思念，而快节奏的跳跃性旋律可能引发兴奋或快乐的情绪。不同音乐风格和流派的情感表达虽然各具特色，但某些情感模式在这些风格中反复出现，形成了共通的情感符号。听众在长期的音乐聆听经验中，已经逐渐习惯于某些音高、音程、节奏的变化对情感的特定表现方式。因此，音乐的情感符号与听众的情感认知之间形成了长期的联结。例如，降调的音乐通常被赋予悲伤的情感色彩，而上扬的旋律往往带来希望和光明的感觉。听众通过音乐情感的典型性特点，能够在复杂的音乐情境中迅速捕捉到音乐的情感信号。

## （二）概括性

音乐情感的概括性为音乐的声音提供了一种非具象、时间性的表达方式。这种表达方式能够使音乐超越具体和现实的限制，增强了音乐情感的多义性和开放性。音乐的声音尽管不具有直接的语义性，却能通过旋律、节奏和和声等元素，激发听众的情感体验和心理反应。这种概括性使音乐成为一个富有表现力的媒介，引发听众广泛的情感联想，为听众带来深刻的情感体验。

音乐情感的概括性使它成为一种高度抽象的艺术表达形式。音乐并不像文学或戏剧那样依赖于具体的语言描述，它通过纯粹的声音和结构来传递复杂的情感。概括性赋予了音乐广泛的情感表达可能性，也使音乐情感具有了普适性。听众在聆听音乐时能够根据自己的情感状态或生活经验对同一段音乐产生多层次的情感理解。

## （三）易感性

音乐的易感性源于其能够直接作用于听觉感官，快速触发听众的情感反应。音乐的即时影响力在于其能够绕过理性思维直接激发听众的感官体验和情感反应。直观的感官体验使音乐成为一种强有力的情感媒介，它能迅速唤起从喜悦到悲伤的各种情绪，影响着不同文化背景的听众。音乐情感的易感性与听众的个人经验、情感状态和心理感知密切相关。当人们聆听音乐时，他们的情感系统会立即对音高、节奏、和声等音乐元素做出反应，产生即时的情感共鸣。音乐欣赏的过程也是情感体验的过程。它既是欣赏者对音乐情感内涵进行体验的过程，也是欣赏者自己的感情和音乐中表现的感情相互交融、产生共鸣的过程。[①] 无论是快乐、

———————————

① 张前，王次炤.音乐美学基础 [M].北京：人民音乐出版社，1992：237.

悲伤、激动还是宁静，音乐的直接感官刺激都能够迅速在听众的内心引发相应的情感反应。

## 三、音乐情感培养的意义

音乐情感的培养是音乐教育的核心任务之一，也是提升学生艺术感知力和表现力的重要途径。音乐情感培养的意义具体体现在以下几个方面，如图 4-2 所示。

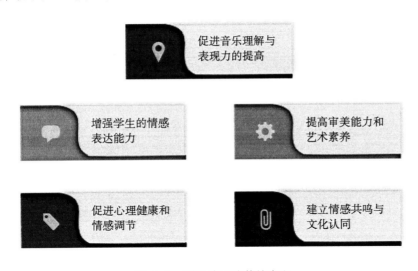

**图 4-2 音乐情感培养的意义**

### （一）促进音乐理解与表现力的提高

"从本质上讲，音乐就是这样天然自然，不带有任何功利，是属于情感和心灵的，而不是属于道德或社会学范畴，也不属于描绘和叙述方面。"①音乐是通过声音表达情感的艺术。若学生在学习音乐时只掌握演奏

---

① 肖复兴. 我的音乐笔记 [M]. 武汉：武汉大学出版社，2015：2.

技巧或乐理知识，而无法感知和表达其中蕴含的情感，那么，其音乐表现力就会显得单薄和机械。通过系统的情感培养，学生更深层地理解音乐作品的内涵，从而提高对作品情感意图的把握。

音乐中的情感表达通常是多维度的，旋律、节奏、和声等元素音乐能够传递丰富的情感信息。学生通过对情感的培养可以更敏锐地捕捉音乐中的情感变化，进而在演奏或演唱中更好地展现这些情感，增强音乐的感染力。音乐创作不仅仅依赖对技巧的熟练掌握，更需要情感的驱动来产生灵感。情感是音乐创作的核心动力，音乐家通过情感的表达赋予音乐作品以生命力。情感的培养可以令学生更加自如地在音乐创作中表达自己内心的情感，创作具有自己个性和深度的音乐作品。

### （二）增强学生的情感表达能力

音乐情感的培养对音乐表现有积极作用，能显著提升学生的情感表达能力。在现代社会中，情感表达能力对个体的社交、沟通和心理健康至关重要。音乐作为一种无语言的情感表达工具，为学生提供了一个安全且自由的情感表达空间。通过音乐情感的培养，学生能够学会如何通过音乐表达内心深处的情感。无论是喜悦、悲伤、愤怒或是平静，音乐中情感的流动可以将个体的内心情感外化为艺术表现。情感表达不仅可以帮助学生缓解内心的情感压力，还能够提高他们在日常生活中的情感表达能力，使其在人际交往中更加自信。

在实际教学中，情感表达的培养往往通过演奏和演唱来实现。学生在音乐演奏中感受到情感的波动，对音乐情感进行捕捉和表达，逐渐增强对自身情感的觉察力和掌控力。音乐情感的培养使学生不仅能够理解他人的情感，还能够更加明确地表达自己的情感需求和情感状态，对学生未来的个人发展和社会交往有着积极影响。

## （三）提高审美能力和艺术素养

通过对音乐情感的感知，学生能够更好地理解音乐作品的艺术价值，从中汲取情感和精神上的营养。音乐情感的培养帮助学生拓宽了审美视野，使其不但能够感受音乐的技术美，还能够理解音乐的情感美。在音乐学习过程中，情感的体验与表达使学生更加深入地感受到音乐中的人文精神和艺术内涵。音乐不仅是一种感官享受，也是一种情感和思想的传递方式。通过情感的培养，学生能够更加深入地理解艺术作品的文化背景、历史内涵以及精神层次，进而形成更高的艺术品位和修养。音乐情感培养的过程也是学生内在情感与外部艺术世界之间的对话过程。学生通过与音乐作品的情感共鸣，能够更加深刻地理解音乐作品中的思想内涵。这种审美体验丰富了学生的内心世界，提高了学生对艺术的敏感度和鉴赏力，从而可以在更广泛的艺术领域中感受到美的存在。

## （四）促进心理健康和情感调节

情感是人类心理健康的重要组成部分，个体通过情感的体验与表达能够调节内心的情绪波动，缓解压力、焦虑等负面情绪。音乐作为一种情感表达的媒介能够有效帮助学生进行情感调节，促进学生心理健康的发展。

音乐中的节奏、旋律和和声能够直接影响听众的情感状态，如抒情的音乐能够舒缓紧张的情绪，激昂的音乐则能够振奋精神。音乐情感的体验既是情感的表达过程，也是情感的释放过程。在情绪波动较大的情况下，学生可以通过音乐情感的表达来排解内心的压抑情绪，恢复心理平衡。音乐情感的培养还能够增强学生的情绪调节能力。学生在音乐表演或创作中，通过对情感的把控和表达，不仅能够逐步提高情感的自我调节能力，帮助自己在音乐学习中保持情感的稳定性，还能够应用到日常生活中，通过音乐的方式舒缓生活中的压力和挑战。

### （五）建立情感共鸣与文化认同

对学生进行音乐情感培养，能够使学生在群体音乐活动中与他人产生情感共鸣，建立更为深厚的人际关系和集体认同感。音乐中的情感是个体内心世界的反映，也表现了文化的共性。学生通过对音乐情感的感知和表达能够更加深入地理解和认同自身的文化背景。音乐作为一种文化符号，承载着不同历史时期、社会背景和文化传统中的情感表达。通过对学生进行音乐情感的培养，能够使学生在音乐学习中找到与自己文化的情感联结，增强文化认同感和归属感。

情感共鸣的形成体现在个人的音乐体验中，还通过音乐的集体体验得以体现。参加合唱、合奏等音乐活动可以令学生通过有集体情感的表达增强彼此之间的情感联系。情感共鸣使音乐活动成为情感交流的桥梁，学生在集体音乐活动中感受到团结与协作的力量，进一步深化了其社会归属感与文化认同感。

## 四、音乐情感的培养方法

培养学生音乐情感的方法有很多，要引导学生在积极的状态下，展开充分想象，并鼓励学生在音乐体验中发表独立见解，避免因否定学生不同的情感体验，而挫伤学生的积极性，这对培养学生的音乐情感是不利的。下面主要介绍听觉体验法、视听结合法、音乐情境法、教师示范法、生活体验法，如图4-3所示。

图4-3 音乐情感的培养方法

## （一）听觉体验法

在音乐情感的培养中，听觉体验法是一种强调纯粹感受的教学方法。此方法以学生的直接听觉感受为核心，通过音乐本身的力量来激发情感体验，无须用过多言语解释。

在应用听觉体验法时，教师要把音乐作为主导，不事先揭露作曲者、作品名称、背景故事等任何关于音乐的信息，保持乐曲的神秘感。例如，在介绍舒曼的《梦幻曲》时，可以让学生闭上眼睛，保证学生完全沉浸在音乐之中，再通过反复聆听来深入感受音乐的情绪和氛围。听觉体验法使学生在音乐的引领下遨游心灵的世界，他们可能会想象自己在广阔的天空中飞翔，或可能回忆起童年温馨的场景，抑或可能感受到在宁静的湖面上划船的平静……每个学生的感受都不同，这正体现了音乐情感的多样性和个体验的独特性。学生在完成音乐体验后可以分享他们的感受和想象。这种教学方法强调音乐的直接感受，避免了对音乐的过度解释，让学生在音乐中自由地寻找和发现自己的情感回应，使音乐学习过程自然而富有成效。

## （二）视听结合法

音乐是一种听觉艺术，视觉和听觉的联动能够更全面地引导学生感受音乐中的情感内涵。视觉元素不仅能够加强音乐的情感体验，还能通过表演、影像、色彩等辅助工具，为学生创造多感官的情感体验。教师在课堂教学中可以使用多媒体工具，将音乐作品与相关的视觉材料结合起来，使学生能够更直接地感受到情感的变化。而动画、舞蹈、光影等艺术形式也可以与音乐结合，帮助学生在更丰富的感官刺激下感知音乐中的情感波动。例如，在学习音乐作品《天鹅湖》时，教师可以播放柴可夫斯基创作的舞剧音乐，引导学生更全面地理解音乐与舞蹈之间的交互作用。从序曲开始，双簧管引出的温柔旋律便开始描绘故事的悲壮背景。随着故事的展开，出现王子成年礼的舞会场景，这时丰富的舞曲和激动人心的节奏让学生的情感也随之起伏，体验从平静到激动的情感变化。结合视听的教学方式可以让学生在音乐和舞台的视觉呈现中找到情感的共鸣点，加深对作品主题和音乐情感的理解。视听结合法使音乐情感的培养能够在多感官的交互作用中，使学生全面、深刻地体验和理解音乐的情感，而丰富的感官输入也提高了学习的效率和深度。

## （三）音乐情境法

在中小学音乐教学中，设置精心设计的情境可以显著增强学生对音乐情感的体验，激发学生的学习兴趣。在实际教学中，教师可以通过创造不同的音乐情境来引导学生体验不同的情感。例如，在学习抒情性的作品时教师可以营造宁静、柔和的课堂环境，让学生更容易进入音乐所表达的温暖、安宁的情感世界；在学习激情四溢的作品时可以通过点燃学生的情绪，使他们更能表现出作品中的激动和高昂情绪。情境的设置可以不限于课堂，可以采用角色扮演、场景设计等具体音乐活动，让学生在更加真实的情境中体验音乐情感。

将音乐教学内容与生动的情境结合起来，可以使学习过程更加生动有趣。以讲授《火车开了》一课为例，将教室布置成火车站的模样，教师扮演列车员，学生扮演乘客，可以极大地提高学生的参与感和学习兴趣。采用角色扮演和情景模拟的形式，能够在寓教于乐中加深学生对音乐情感的体验，使音乐课程不再是单纯的音乐演唱，而是一次全方位的情感交流。

### （四）教师示范法

在中小学音乐教育中，教师示范法具有不可替代的位置。学生在这个阶段心理和情绪波动较大，易受外界影响。教师的表现和示范可以直接影响学生的学习态度和情感体验。教师示范法是通过教师的情感表达和演奏示范，直接影响和引导学生感知音乐情感的有效方法。教师的示范能够在情感表达上为学生树立范例，通过教师的情感投入学生可以直接感受到音乐情感的丰富性与复杂性。在教学过程中，教师通过情感饱满的演奏或演唱使学生能够更加直观地理解音乐情感的变化和层次。这种直接的情感传递比单纯的讲解和分析更具感染力和说服力，经过教师的情感示范，学生在潜移默化中模仿和学习如何通过音乐表达情感，并逐渐形成自己独特的情感风格。教师示范法还可以通过师生互动来增强情感的共鸣。教师采用与学生共同演奏或合唱的方式鼓励学生在音乐表现中更加自如地表达情感。通过教师的引导和鼓励，学生能够更加放松地进入音乐的情感世界，提高对音乐作品的情感感知力与表现力。

教师的示范可以为学生建立一个明确的学习目标和表现标准，尤其是在音乐表达上。教师通过自己的演唱或演奏展示如何通过音乐传达悲伤、喜悦、安定等特定情绪，有助于学生在未来的学习中有一个明确的方向和追求。例如，在演绎东北民歌《摇篮曲》时，教师通过自身的演唱，展示歌曲的技巧要求，深刻地传达歌曲背后温馨和慈爱的家庭情感，这种情感的传递是任何语言描述都无法完全替代的。

### （五）生活体验法

生活体验法是一种将学生的生活经验与音乐情感培养相结合的教学方法。音乐情感的表达并不是孤立存在的，它与学生的日常生活、个人经历和情感体验紧密相关。将生活中的情感体验融入音乐学习后，学生能够更加深刻地理解音乐情感，并通过音乐表达自己的情感世界。在中小学教学中，教师可以引导学生从生活中的实际情感体验出发，联想音乐作品中的情感表达。

生活体验法的关键在于将学生的主观情感体验与音乐的情感表达相结合，使音乐不再是抽象的艺术形式，而是学生生活情感的延伸和表现。通过这种方法，学生能够在音乐中找到情感的寄托，并在生活中使用音乐来表达自己的情感需求和内心世界。在教学实践中，教师可以引导学生在日常生活中注意倾听周遭环境的声音，如在雨天让学生尝试用手掌轻拍桌面，模拟雨滴敲打窗户的声音，或者用树枝和石头等模仿溪流的涓涓细流。这些简单的活动可以帮助学生从日常生活的声音中抽象出音乐的元素，增进他们对音乐的感知，提高他们的创造力。

生活体验法能够使学生更好地理解音乐与生活的密切关系，激发他们探索音乐的热情，认识到音乐不仅仅是音符和旋律，更是生活中不可或缺的情感表达，最终使学生在体验中认识到音乐的广泛性。

# 第三节　音乐创造力的培养

音乐创造力的培养是音乐教育中的核心任务之一，它关系到学生在音乐学习中的表现，影响学生在艺术创作中的个性发展和潜能释放。创造力是音乐学习的高级阶段，它要求学生在掌握基础知识和技术技能的基础上进一步打破已有框架，进入音乐的创新与探索过程。音乐创造力的培养并非单一维度的活动，而是一个涉及感知力、想象力、表达力等多方面能力的综合性的、多层次的培养过程。音乐创造力的培养不仅提高了学生的艺术表现能力，还在他们的整体认知发展和审美素养提升中起到了积极的作用。通过系统的训练和引导，学生能够在音乐中找到个人独特的声音，并在音乐创作中自由表达内心的情感和思想。音乐创造力的培养关键要做好以下几点。

## 一、夯实音乐创造力的基础

音乐创造力的基础是感知能力、模仿能力和知识积累。任何创造性的活动都需要在已有知识和经验的基础上进行扩展和突破。因此，音乐创造力的培养必须依托对音乐元素的深刻理解与熟练掌握。学生在学习音乐的过程中首先要对音高、节奏、旋律、和声等音乐要素有充分的感知，才能够在聆听、演奏和模仿中积累足够的音乐经验。

模仿是创造的前提，通过模仿，学生能够学习到优秀音乐作品中的结构、形式和表达手法。模仿不仅是技术的复制，更是理解与吸收音乐精髓的过程，通过模仿学生逐渐形成对音乐的直觉和感性认识，为创造力的激发奠定基础。音乐史、音乐理论、不同风格和流派的音乐作品都是激发创造力的重要资源。对这些知识的积累和运用可以帮助学生获得创作的灵感，找到音乐表达的新途径。知识的积累不单单是技术层面的学习，还是文化和艺术思想的积淀。创造力的培养必须依托广泛的知识背景，使学生在创作时能够游刃有余地运用不同的音乐元素和思想资源。

## 二、提高音乐感知与想象力

音乐感知是指学生通过聆听、演奏和学习音乐元素，形成对音乐的敏锐感知能力。想象力则是在此基础上，对音乐元素进行再创造和创新的能力。音乐创造力的培养，需要通过多维度的感知训练和丰富的想象力开发，让学生能够在音乐创作中突破常规的思维方式，产生独特的音乐表达。

感知力的提高可以通过多样化的音乐聆听、即兴演奏、感受训练等多种方式实现。学生通过反复聆听不同风格、类型的音乐作品，逐渐形成对音乐中情感、结构和音色变化的敏感度。这种感知能力不仅包括音高、节奏等技术层面的要素，还包括音乐作品中的情感变化和情绪表达。学生通过不断强化感知，能够在音乐创作中捕捉到更为细腻的情感变化，从而创作出更具表现力的音乐作品。想象力的提升依赖创造性思维的引导和培养。教师在教学过程中可以通过开放性问题的提问和即兴演奏等方式激发学生的音乐想象力。想象力不仅是对已有音乐元素的重新组合，还包括对新声音、新形式的探索与创造。在想象力的驱动下学生可以突破固有的音乐框架，尝试新的表现方式，探索音乐语言的多样性和创新性。

## 三、培养音乐表现力与创造力

音乐表现力与创造力之间有着紧密的联系，表现力的提高往往能够促进创造力的发展。音乐表现力是对音乐情感的深刻表达，通过对音乐情感的深入理解和表达，学生能够在音乐创作中更加自由地表达内心的情感和思想，激发出更多的创作灵感。

音乐表现力的培养可以通过表演训练、合奏实践和情感体验活动等多种方式进行。表演训练不仅能够提高学生对音乐作品的理解力，还能增强他们在音乐创作中的情感表达能力。通过对音乐作品的深入表演，学生能够更加敏锐地捕捉音乐中的情感变化，并在创作中运用这种情感表达的技巧。合奏实践也是提升表现力与创造力的重要手段。通过合奏，学生能够学习到如何在音乐中与他人产生共鸣，这种共鸣感也会反映到他们的创作中，使其音乐作品更加富有表现力和创造力。

## 四、形成创新思维

创造力的本质是突破常规的思维方式，找到新的音乐表达形式和途径。音乐创造力的培养需要通过多种手段引导学生形成创新思维，敢于挑战传统的音乐观念，并在创作中追求个性化的表达。

一方面，创新思维的形成需要开放性的教学环境。教师应鼓励学生在学习过程中大胆尝试不同的音乐表达方式，避免对固定的答案过分强调。创造力的激发往往来自自由的表达环境，学生在没有限制的创作空间中能够更加自如地发挥自己的想象力和创造力。另一方面，跨学科的学习和体验也是形成创新思维的重要途径。音乐作为一种艺术形式，与其他艺术形式以及科学、文化等领域有着密切的联系。通过跨学科的学习，学生能够从不同的角度看待音乐创作，激发出更多的创新灵感。例如，音乐与美术、舞蹈、文学的结合能够创造出更多元化的音乐表现形式，而科学技术的发展如电子音乐、音效处理等，也为音乐创作带来了新的可能性。

## 五、形成自主创作能力

学生经过音乐知识的积累、感知力和想象力的提高、表现力的训练以及创新思维的开发，最终能够形成独立的音乐创作能力。自主创作是对已有音乐元素的运用，更是一个通过个人的情感、思想和技术将音乐语言进行重新组合与表达的过程。在自主创作的过程中，学生需要面对如何选择合适的音乐元素、如何组织音乐结构以及如何在音乐中表达个人的情感和思想等多方面的挑战。自主创作能力的培养需要通过实际的创作活动来实现。因此，教师应在教学中为学生提供充足的创作机会，让学生在实践中逐步提升自己的创作能力。

自主创作能力的形成还需要通过不断的反思和调整来实现。创作并不是一蹴而就的，它需要经过反复的修改和完善。因此，教师应鼓励学生在创作过程中不断进行自我反思，对自己的音乐创作进行批判性分析，并通过不断的尝试和调整，找到适合自己的音乐表达方式。

# 参考文献

[1] 郑雪飞. 音乐教学方法与策略［M］. 长春: 吉林出版集团股份有限公司,
2022.

[2] 何娟, 肖萌, 梁军方. 音乐教学理论与实践研究［M］. 北京: 北京工业
大学出版社, 2021.

[3] 张新宇, 周基蓉, 刘冬雪. 基于审美能力培养的中小学音乐教学研究［M］.
长春: 吉林人民出版社, 2021.

[4] 于力. 新视角下的中小学音乐教育与教学研究［M］. 长春: 吉林人民出版
社, 2021.

[5] 杨丽, 党岱. 中小学音乐教学模式研究［M］. 长春: 吉林美术出版社,
2019.

[6] 朱润莲, 杨明亮, 唐锦梅. 中小学音乐教学与合唱训练［M］. 延吉: 延
边大学出版社, 2018.

[7] 曹桂红. 基于成果导向的音乐教学课程发展研究［M］. 长春: 东北师范大
学出版社, 2022.

[8] 龙昱冰. 多元化时代发展背景下音乐教育模式的改革［M］. 长春: 吉林大

学出版社，2018.

[9] 赵宋光.音乐教育心理学概论［M］.上海：上海音乐出版社，2003.

[10] 林华.音乐审美心理学教程［M］.上海：上海音乐学院出版社，2005.

[11] 韩若维.基于情境创设的中小学音乐教学模式研究［J］.新教育时代电子杂志（学生版），2023（13）：49-51.

[12] 魏佳斌，杨丽荣.创新思维培养在中小学音乐教学的运用分析［J］.戏剧之家，2023（5）：184-186.

[13] 周新梅，张艳飞.多媒体在中小学音乐教学中的运用研究［J］.新课程教学（电子版），2022（17）：140-142.

[14] 杨文慧，孙杨.中小学音乐教学中德育的渗透［J］.新课程教学（电子版），2020（10）：50.

[15] 蒋忠义.浅析中小学音乐教学的创新［J］.考试周刊，2019（73）：159-160.

[16] 华华.中小学音乐教学中如何提高学生的人文素养［J］.中学课程辅导（教学研究），2021（10）：65.

[17] 陈晨.核心素养理念下中小学音乐教学创新［J］.当代教研论丛，2020（5）：128.

[18] 冯睿.新课标背景下中小学音乐教学改革研究［J］.新教育时代电子杂志（学生版），2024（29）：184-186.

[19] 曾榕琍.中小学音乐教学中学生审美能力的培养［J］.家长，2024（15）：140-142.

[20] 王宏伟，毕晓琳.声势律动在中小学音乐教学中的有效应用［J］.新课程教学（电子版），2019（22）：33.

[21] 白婧. 基于核心素养培育的中小学音乐教学研究［J］. 北方音乐，2019，39（22）：200，211.

[22] 李婷. 在中小学音乐教学中开展合唱教学的意义［J］. 新课程教学（电子版），2019（11）：51.

[23] 谢思恒. 情景主题在中小学音乐教学中的渗透策略分析［J］. 考试周刊，2021（13）：163-164.

[24] 路荣. 如何在中小学音乐教学实践中打造高效课堂［J］. 学周刊，2021（10）：167-168.

[25] 刘妍. 体验式教学法在中小学音乐教学中的运用［J］. 新教育时代电子杂志（学生版），2024（15）：193-195.

[26] 李少卿. 多媒体在中小学音乐教学中的应用［J］. 新教育时代电子杂志（学生版），2021（16）：226.

[27] 侯冰. 谈中小学音乐教学中的体态律动［J］. 黑河教育，2021（1）：70-71.

[28] 亓鹏. 中小学音乐教学中的节奏训练［J］. 科普童话，2023（47）：130-132.

[29] 郑魏巍. 浅析器乐课堂在中小学音乐教学中的普及［J］. 中国校外教育（上旬刊），2018（2）：35-36.

[30] 刘嘉惠. 从审美到立美：浅谈中小学音乐教学对学生审美与创造能力的培养［J］. 新教育，2023（20）：74-76.

[31] 王鑫平. 新课标视域下中小学音乐教学新路径探究［J］. 新教育时代电子杂志（学生版），2023（10）：10-12.

[32] 胡歆钰. "乐教"理念对当代中小学音乐教学的启迪［J］. 北方音乐，
2020（22）：172-174.

[33] 王秀清. 关于中小学音乐教学现状的思考［J］. 考试周刊，2018（49）：
177.

[34] 付莹莹. 浅谈中小学音乐教学中学生创新意识的培养［J］. 新教育时代
电子杂志（教师版），2020（18）：40.

[35] 王雅洁. 浅谈中小学音乐教学中的节奏训练策略［J］. 黄河之声，2020
（13）：85-86.

[36] 董玉萍. 浅析气息在中小学音乐教学中的运用［J］. 黄河之声，2020
（4）：113.

[37] 王金红. 新课标引导下的中小学音乐教学探讨［J］. 北方音乐，2020
（2）：145，148.

[38] 尹梦童. 探究体态律动在中小学音乐教学中的应用［J］. 花溪，2023
（26）：95-97.

[39] 聂新. 中小学音乐教学德育功能的渗透［J］. 宁夏教育，2021（6）：
51-52.

[40] 王丽. 试论如何提高中小学音乐教学的质量［J］. 新课程（上），2017
（3）：169.

[41] 臧艳. 中小学音乐教学有效衔接的策略探究［J］. 试题与研究，2023
（11）：135-137.

[42] 崔岩. 数字化赋能中小学音乐教学的实践与思考［J］. 音乐天地，2024
（6）：10-14，67.

[43] 谭佳漪. 音乐教学中的情感培养［J］. 艺术评鉴，2022（21）：185-188.

[44] 郝玉芹. 音乐教学跨学科融合的路径探究［J］. 留学，2024（2）：66-67.

[45] 何敏. 音乐教学中德育与美育的有机结合［J］. 剧影月报，2023（3）：115-117.

[46] 王净雨. 音乐教学融入人文德育资源的策略［J］. 河南教育（基础教育），2023（2）：80-81.